믿음의 여인들
**HER NAME IS WOMAN:
LEADERS AND WANDERERS**

1

2015년 원서 개정에 따른 개정증보판입니다.

HER NAME IS WOMAN: LEADERS AND WANDERERS
by Gien Karssen

Originally published in the U.S.A. under the title
Her Name is Woman: Leaders and Wanderers

Copyright ⓒ 1975, 1977, 2015 by Stichting Manninne.
Korean edition ⓒ 2017 by Word of Life Press, Korea with permission of NavPress.
All rights reserved.
Represented by Tyndale House Publishers, Inc.

Translated and published by permission.
Printed in Korea.

믿음의 여인들 1

ⓒ 생명의말씀사 1978, 1992, 2017

1978년 1월 30일 1판 1쇄 발행
1991년 1월 25일 13쇄 발행
1992년 5월 30일 2판 1쇄 발행
2014년 4월 10일 23쇄 발행
2017년 10월 12일 3판 1쇄 발행
2025년 4월 11일 6쇄 발행

펴낸이 | 김창영
펴낸곳 | 생명의말씀사

등록 | 1962. 1. 10. No.300-1962-1
주소 | 서울시 종로구 경희궁1길 6 (03176)
전화 | 02)738-6555(본사) · 02)3159-7979(영업)
팩스 | 02)739-3824(본사) · 080-022-8585(영업)

기획편집 | 임선희, 전보아
디자인 | 김혜진
인쇄 | 영진문원
제본 | 보경문화사

ISBN 978-89-04-11087-2 (04230)
ISBN 978-89-04-70039-4 (세트)

저작권자의 허락 없이 이 책의 일부 또는 전체를
무단 복제, 전재, 발췌하면 저작권법에 의해 처벌을 받습니다.

HER NAME IS WOMAN: LEADERS AND WANDERERS

기엔 카젠 지음 / 양은순 옮김

성경 속 여인들의 신앙과 삶

믿음의 여인들

1

추천사

기엔 카젠은 스토리텔러다. 성경에 나오는 여성들에 관한 연구가 많이 있지만, 나는 아직까지 이 책보다 더 실제적으로 다룬 것을 읽어본 적이 없다.

우리가 성경 속 여인들의 행동과 삶의 영향을 살펴볼 때, 기엔은 그들이 정말로 살아있는 것처럼 느끼도록 만들어주고, 독자들이 오늘날에 맞추어 적용할 수 있도록 돕는다.

그녀는 내가 아는 한 젊은이들의 성경공부를 가장 잘 인도하고 훈련시키는 사람이며, 하나님의 말씀이 매일매일의 삶에 영향을 미치게 한다.

이 책이 많은 열매를 맺는 하나의 씨앗이 되기를 기도드린다.

_ **코리 텐 붐**(Corrie Ten Boom), 『주는 나의 피난처』 저자

성경 속 여인들은 까마득한 역사 속 인물이지만 우리는 그들에 대해 읽으며 많은 것을 배우고 있다. 그런데 이 책에서 그 여인들이 갑자기 살아났다. 나는 기엔 카젠의 세심한 연구와 거룩한 상상력, 그리고 작가로서의 탁월함 덕분에 그 여인들과 그들이 처한 상황을 잘 이해하게 되었다. 당시의 관습을 알게 될수록 우리는 그들이 왜 그렇게 행동했는지 더 잘 이해하게 된다.

시대를 막론하고 하나님의 여인들은 세상이 알기 어려운 자유, 즉 하나님이 원하시는 사람이 되고 그런 사람만이 행동할 수 있는 자유를 누렸다는 흥미로운 사실을 본다. 당신도 이 책에서 그런 흥미와 교훈을 얻게 될 것이다.

_ 루스 그레이엄(Ruth Bell Graham), 빌리 그레이엄 목사의 아내

추천사 / 4
서문 / 8
이 책의 활용법 / 12

01	하갈	도우시는 하나님을 거부한 여인 / 19
02	롯의 아내	하나님의 은혜를 신중하게 받아들이지 않은 여인 / 33
03	라헬	외모는 아름다웠지만 내면은 실망스러웠던 여인 / 43
04	보디발의 아내	정욕에 사로잡힌 여인 / 57
05	들릴라	영적 지도자를 파멸시킨 여인 / 65
06	브닌나	질투심에 사로잡혔던 여인 / 77
07	욥의 아내	하나님께 부정적인 말을 한 여인 / 85
08	오르바	잘못된 결정 때문에 망각 속으로 사라져버린 여인 / 95
09	미갈	영적인 연합 없는 결혼으로 별거하게 된 여인 / 103
10	이세벨	아무도 하나님을 얕볼 수 없다는 사실을 잊어버린 여인 / 113
11	헤로디아	복수와 살인으로 자신을 격하시킨 여인 / 125
12	삽비라	사탄에게 귀를 기울인 여인 / 139

CONTENTS

HER NAME IS
WOMAN:
LEADERS AND
WANDERERS

13 **미리암**　　자신을 과대평가했던 지도자　/ 147

14 **드보라**　　믿음으로 충만했던 민족의 지도자　/ 157

15 **아비가일**　하나님의 종의 양심을 지켜준 여인　/ 169

16 **스바 여왕**　지혜를 사모했던 여인　/ 183

17 **훌다**　　　배교한 민족을 하나님께로 돌아오게 한 여인　/ 193

18 **수넴 여인**　창조적인 사고자　/ 203

19 **에스더**　　민족을 위해 목숨을 걸었던 왕비　/ 211

20 **베다니의 마리아**　자신이 할 수 있는 일을 한 여인　/ 223

21 **막달라 마리아**　그리스도를 따르는 데 앞장선 여인　/ 233

22 **루디아**　　하나님을 최우선에 두었던 사업가　/ 245

23 **브리스길라**　복음을 전파한 여인　/ 253

24 **뵈뵈**　　　섬기는 리더십을 가졌던 여인　/ 263

서문

『성경의 나쁜 여인들』(Bad Girls of the Bible) 시리즈를 위해 자료를 조사하면서 기엔 카젠의 책을 애용하게 되었다. 성경인물들의 마음과 생각을 파고드는 저자의 능력은 대단했다. 뿐만 아니라 성경말씀을 주의 깊게 다루며 하나님과 그분의 말씀을 소중히 여기는 모습도 보여주었다.

기엔 카젠은 정말 천재적인 스토리텔러다. 그녀는 우리를 하갈과 함께 광야로 도망하게 하고, 롯의 처와 함께 뒤를 돌아보게 하고, 라헬과 함께 자식을 갈망하게 하고, 보디발의 아내와 함께 잘생긴 요셉을 사모하게 한다. 또 들릴라가 삼손을 속이는 것을 목격하고, 브닌나가 질투심을 행동으로 옮기는 것을 보게 만든다. 욥의 아내가 하나님을 원망하는 소리를 듣게 하고, 오르바가 한 분이시고 참되신 이스라엘의 하나님이 아닌 모압의 거짓 신들을 선택할 때는 가슴이 철렁 내려앉게 한다. 미갈의 쓴뿌리와 이세벨의 검은 마음, 그리고 헤로디아의 잔인함과 삽비라의 교활함, 이 모든 것이 이 책에서 생생하게 살아난다.

저자는 이 '방랑자들'이 무너지는 모습을 수치스럽게 여기며 피하는 대신, 오히려 하나님의 선하심과 자비하심에 주목한다. 더불어 성경의 다른 부분을 근거로 한 상세한 설명과 사려 깊은 질문들로 그 여인들의 삶을 더욱 온전히 이해하게 한다.

그렇게 세월을 뛰어넘어 고대의 경고를 위해 주어진 이 이야기들을 21세기의 삶과 연결시킨 저자의 능력 덕분에, 본서는 시간을 초월하는 보물이 된다.

_ **리즈 커티스 힉스**(Liz Curtis Higgs), 『성경의 나쁜 여인들』 시리즈 저자

어린 시절 나는 거창한 꿈을 꾸었다. 어떤 성의 공주든, 미국의 대통령이든, 유명한 배우든, 회사 사장이든 뭔가 위대한 사람이 될 거라 믿고 싶었다.

모든 사람이 뛰어난 삶을 원한다. 중요한 사람이 되고 싶어 한다. 큰일을 해내기 바란다. 특히 리더십 은사를 가진 사람들에게는 다른 사람에게 영향을 끼치고 싶은 욕망이 강렬할 수 있다.

그래서 우리는 영웅과 롤모델을 찾아낸다. 길을 인도해줄 사람을 찾는 것이다. 다시 말해 우리의 은사와 갈망을 이루도록 도와줄 사람을 찾는다.

지도자가 되려는 사람에게는 따라갈 본보기가 필요하다. 기엔 카젠은 바로 우리가 갈망하는 그 본을 보여준다. 그녀는 이 책에 성경 속 위대한 여성 지도자들의 이야기에 생명을 불어넣는다. 또한 역사 · 문화적 배경을 제공하여 이야기들의 구체적인 부분까지 이해하도록 무대를 만들어주고, 주인공들의 강점과 약점을 통해 우리 자신을 알게 해준다. 그리고 우리가 소망할 수 있는 강점과 겸손의 모습을 제시한다.

이 책을 천천히 음미하면서 읽기 바란다. 각 여인의 상황에 처한 자신을 생각해보라. 당신이 주인공과 같은 상황이라면 어떤 반응을 보였을지 상상해보라. 어디서 주인공의 강점과 죄가 부딪치는지 보라. 그리고 주인공의 리더십 이야기가 당신에게 어떻게 적용되는지 지혜를 달라고 하나님께 기도하라. 또한 책 속에 나오는 질문들을 진지하게 생각하라. 하나님께서 당신에게 무엇을 말씀하실 것 같은가?

리더십의 지혜를 찾는 데 성경보다 더 좋은 것이 없다. 기엔 카젠의 책을 보면, 하나님께서 우리에게 앞서 간 여인들의 위대한 본을 남겨주셨음을 알 수 있다.

그들의 이야기가 당신에게 큰 힘이 되어 당신의 리더십이 최대한으로 발휘되기 바란다.

_ 페니 카트론(Fenni Catron), 작가

이 책의 활용법

의미 있는 삶을 원하는가? 온전한 성취를 원하는가? 이런 선천적인 내면의 소원은 하나님이 창조 때 여인에게 주신 사명에서 비롯된다. 하나님은 남자와 동등한 짝인 여자가 자신의 소명을 따르기 원하신다. 따라서 여인의 영성은 매우 중요하다.

이 책에 나오는 여인들은 가공의 인물이 아니라 실제 인물이다. 그들은 역사 속에 살았고, 오늘날에도 그들의 욕망과 문제, 소원과 야망으로 우리 가운데 살고 있다. 성경은 그들의 이야기 전체를 다루지 않지만, 나는 상상력을 동원하여 그들이 하나님께서 두신 장소와 시간 속에서 어떻게 행동하고 생각했는지를 탐구했다. 물론 이것은 당신이 그들의 여정을 이해하는 데 도움이 되길 바라서였다.

이 책에 나오는 여인들을 배우며 반드시 염두에 두어야 할 질문은 '그녀의 삶 속에서 하나님이 어떤 위치를 차지하고 계시는가?'다. 이 질문에 대한 답이 그 여인의 행복과 사명, 계속 전진하려는 동기 등을 결정한다. 만일 하나님이 없다면, 혹은 하나님께 마땅한 자리를 드리지 않는다면, 그 삶은 진정한 목적이 없고, 바른 관점도 없다.

이 책을 읽는 동안 성경 속 여인들과 함께 하나님을 향한 당신의 태도를 살펴보기 바란다. 또한 이 여인들을 잘 알게 됨으로써 하나님의 말씀을 새롭게 깨닫게 되기를 바란다.

이 여인들과의 만남으로 인해 당신은 예상치 못했던 선물을 얻게 될 것이며, 그들의 경험을 깊이 공감하게 될 것이다. 당신이 그들을 통해 하나님과 다른 사람들과의 관계에서 더 풍성하고 행복하게 사는 길을 볼 수 있게 되기를 기도한다.

두 가지 접근법

이 책을 읽는 방법은 두 가지다. 첫째, 그냥 읽는 것이다. 여기에 실린 이야기들은 독자가 여인들의 삶 속으로 깊이 파고들게 한다. 무엇보다 각 장 도입부에 나오는 성경본문을 건너뛰지 말고 반드시 읽기 바란다. 그 성경본문은 책의 중요한 부분이며 각 장을 이해하는 데 반드시 필요하다.

둘째, 소그룹에서 함께 읽고 토의할 수 있다. 다른 사람들과 함께 이 책의 주제와 질문들을 함께 살펴본다면 연구의 깊이와 통찰이 더해질 것이다.

곳곳에 삽입된 관련 성경구절들은 성경의 진리와 지혜를 더 깊이 연구하는 데 도움을 줄 것이다. 각 장에 있는 질문들을 혼자서 답할 수도 있고, 그룹으로 토의할 수도 있다. 또한 이 여인들을 대상으로 제목별 성경공부를 하거나 주제를 놓고 연구를 할 수도 있다.

어떤 방법을 택하든 다른 사람들과 함께 이 여인들에 대해 토의한다면 더욱 풍성해질 것이고, 개인적으로 준비한 후에 소그룹 모임에 참여하면 더욱 그러할 것이다. 혼자서 공부하든 그룹으로 공부하든, 반드시 노트를 준비하여 질문에 대한 생각이나 공부 중에 하나님께서 마음에 떠올려주신 것들을 기록하기 바란다.

그룹 성경공부를 위한 제안

1. 소그룹은 6-10명 정도로 시작한다. 이 정도 인원이면 토의가 활발하게 이루어지면서도 각 개인이 참여할 수 있다. 인원이 늘어나면 그룹을 새로 만든다.
2. 모임을 시작하기 전에 얼마나 자주 모일 것인지 결정한다. 대부분의 사람들은 새로운 일이 무기한으로 연장되는 것을 꺼린다. 주 1회 모임으로 한 주에 한 장, 혹은 한 주에 두 장씩 공부하면 될 것이다. 어떤 장은 길어서 많은 시간이 소요되고, 어떤 장은 짧아서 두 장을 합칠 수도 있을 것이다. 질문의 수는 그 장의 길이에 따라 달라진다는 것을 염두에 두라. 순서를 어떻게 하면 좋을지는 그룹에서 논의하면 된다.
3. 성경공부 그룹은 성경을 중심으로 토의해야 한다는 것을 명심

하라. 이 책에 있는 질문 대부분은 개인의 신앙 여정을 점검하는 데 도움을 주는 것이다. 모든 과정에 성경구절이 제시되어 있으므로 토의 때 반드시 성경을 참고해야 한다. 참여하는 사람 각자가 집에서 미리 공부한 뒤 자신이 발견한 것을 나누도록 해야 한다.

4. 배운 교훈을 삶에 적용할 것을 강조하고 그렇게 하도록 서로 도와주어야 한다. 지식을 늘리는 것보다 영적으로 성장하는 것이 훨씬 더 중요하다. '배운 것이 어떻게 삶을 변화시키게 할까?'라는 질문이 모든 참여자 스스로에게 던지는 질문이 되어야 한다.

5. 모임을 시작하기 전에 결석하지 않기로 결단한다. 절대로 참석할 수 없는 경우가 아니면 빠지지 않아야 한다. 혹시 참석하지 못할 경우에는 어떻게든 그 내용을 보충하여 다음 모임에 대비하도록 한다.

6. 자신이 그룹의 한 멤버라고 생각해야 하고 그룹을 위해 자발적으로 기여하도록 한다. 경험 부족이 토의에 참여하는 데 방해가 되어서는 안 된다. 반대로 그룹을 지배하려는 유혹에 빠져도 안 된다.

소그룹 인도자를 위한 제안

- 충분한 시간을 들여 개인적으로 먼저 공부를 끝내야 한다.
- 미리 준비한 후 모임에 참여하고, 강조할 사항을 노트에 정리한다.
- 정한 시각에 시작하고 마친다. 특히 첫 모임 때는 신속하게 시작하여 분위기를 조성한다.
- 종종 정상에 오르기를 즐기는 등산가들이 있다. 이런 멤버는 오르는 즐거움을 누리도록 놓아두고, 그룹의 모든 멤버가 골고루 참여할 수 있도록 토의를 인도해야 한다.
- 한 사람이 대화를 주도하도록 방치하지 않고, 모든 사람이 말할 기회를 갖도록 부드럽게 인도한다. 말을 너무 많이 하는 사람은 따로 불러서 그룹의 필요성을 설명해야 할 수도 있다. 반대로 가만히 있기를 좋아하는 사람에게는 구체적인 질문을 던져 참여할 기회를 주어야 한다.
- 각 장에 나오는 질문을 기본으로 하되, 그룹이 특별히 공감하는 주제가 있다면 그것에 집중해도 된다. 그러나 주제에서 지나치게 벗어나지 않아야 하며, 특정 질문에 너무 많은 시간이 소요되거나 전체 흐름을 벗어난다면 대화를 다시 주제로 되돌려야 한다. 대화가 주제를 벗어나려 할 때 "이것에 대해서는 끝난 후

에 이야기하면 좋겠습니다." 혹은 "주제로 다시 돌아갑시다."라고 부드럽게 말하며 본래 주제로 돌아가도록 한다.
- 모임은 기도로 시작한다. 그리스도께서 말씀을 통해 각자에게 말씀해주시기를 기도하고, 끝마칠 때는 자신과 그룹 멤버 모두를 위해 기도한다. 인도자는 늘 다른 사람들의 필요에 민감하게 해주시기를 기도해야 한다.

시작하기 전에

이 책에 나오는 여인들이 당신과 관련이 없다고 생각될 수 있다. 지도자가 되기에 당신은 너무 조용하거나 너무 수줍거나, 영향력이 없는 사람이라고 생각할 수도 있다. 그러나 리더십은 반드시 타고나는 것이 아니다. 하나님 중심의 리더십에서 가장 우선적이고 중요한 것은 마음가짐이다. 당신이 집에서 보이는 태도, 혹은 친구들 사이의 조언, 교회에서의 섬김을 통해 얼마든지 리더십을 발휘할 수 있다. 당신이 하나님께 복종함으로써 주변 사람들에게 지침과 관점을 제공한다면 당신은 이미 지도자다. 이 여인들의 삶을(담대한 선지자에서부터 종의 마음을 가진 주부까지) 살피는 동안, 하나님께서 당신을 준비시켜 현재에 이르게 하셨다는 사실에 격려를 받기 바란다.

HER NAME
IS WOMAN:
LEADERS
AND
WANDERERS

01

하갈

도우시는 하나님을 거부한 여인
(창 16:1-16, 21:1-21)

> 만약 아내가 자기 남편에게 한 여종을 주어서 아기를 낳았는데
> 그 하녀가 아기를 낳은 것을 빌미로 자신을 여주인과 동등시하면,
> 여주인은 그 하녀를 돈을 받고 팔지 말고
> 다시 노예로 환원시켜 계집종의 하나로 여길지니라.
> _ 함무라비 법전 중에서

하갈은 터벅터벅 거친 길을 따라 걸었다. 발걸음을 옮길 때마다 발과 발목이 벗겨져 매우 아팠고, 긴 치맛자락은 닳아서 찢겨졌다. 긴 여행으로 기진맥진한 심장은 빠르게 뛰었다. 두 눈은 태양의 작열하는 빛으로 타는 듯했다.

그녀가 날마다 걷고 있는 광야에는 거할 곳이 없었다.

낮에는 가공할 열기가 모래로부터 뿌옇게 일었고, 질풍이 일어나면 입과 코로 먼지가 날아들었다. 그리고 밤에는 기온이 뚝 떨어져서 몹시 추웠다.

하갈은 위험을 무릅쓰고 자기 고향인 애굽으로 가는 중이었다. 그녀는 25년 전 아브라함(훗날 바뀐 이름대로)의 아내 사라가 자기를 종으로 사서 가나안으로 데려가려 했던 그곳으로 돌아가고 싶었다.

하갈은 걸으며 지나간 세월을 회상해보았다. 행복한 시절이었다. 비록 여종이었지만 그녀는 유복한 생활을 누렸다. 그래서 이렇게 생각했다. '하나님과 특별한 언약을 맺은 아브라함과 사라와 함께 사는 특권을 누렸지.'

그들의 모범적인 삶을 통해 그녀는 살아계신 하나님과 교제했다. 그러나 과거의 행복했던 기억에도 불구하고 지금 하갈의 마음속에서는 아무런 감사도 일어나지 않았고, 오히려 그런 것과는 거리가 멀어져 있었다.

그녀는 자기가 푸대접을 받았으며, 심지어 모욕을 당했다고까지 생각하며 비통해했다. 이상한 방법으로, 하갈은 아브라함 가정에 있었던 좋지 않은 상황 때문에 고통을 받았다. 아브라함이 유브라데와 티그리스 강 사이에 있는 땅에서 가나안으로 옮겨갈 때 하나님께서 그에게 아들을 약속하셨다. 그 아들을 통해 아브라함이 큰 민족의 아비가 되리라고 말씀하셨다(창 12:1-5).

그러나 수년이 지나도 아들은 태어나지 않았다. 사라는 걱정이 되어 자기 대신 두 번째 아내인 첩에게서 약속받은 아들이 태어나리라는 생각을 갖게 되었다. 그 당시 법률로 얼마든지 가능한 일이었다. 그렇게 해서 태어난 아이도 법적으로는 첫 번째 아내의 아이로 간주되어 법적인 상속자가 되었다. 그 일을 위해 사라는 식솔 중에서 눈여겨보던 하갈을 생각했다. 결국 하갈은 아브라함의 두 번째 부인이 되었고, 얼마 안 되어 아브라함에게 "임신했습니다!"라는 기쁜 소식을 전했다.

아브라함은 아들이 없었기 때문에, 하갈이 임신하기 전에는 자기 집안일을 맡아 관리하던 엘리에셀을 자신의 법적 상속자로 생각하고 있었다(창 15:2-5).

그러나 이제는 하나님께서 하갈을 통해 그에게 약속하신 아들을 주셨다고 생각했다. 아브라함은 사라의 아들이 자신의 상속자가 되기를 기대했지만, 그때까지 하나님은 상속자의 어머니가 누구인지 언급하지 않으셨다. 결국 그는 하나님께서 응답해주실 것을 바라며 13년 동안이나 기다렸다(창 17:15-16).

얼마 지나지 않아 사라의 해결책이 순전히 인간적인 것이었다는 사실이 분명해졌다. 사라는 하갈을 통한 하나님의 축복을 간구한 적이 없으며, 그렇게 되지도 않았다.

사라는 조급했다. 불가능한 상황을 초월하여 역사하시는 하나님의 능력을 의심한 나머지 자기 자신의 방법을 택했고, 아브라함은 너무도 쉽게 그녀의 계획에 동조했다. 하나님의 평안이 그 가정을 떠난 것이 전혀 이상하지 않았다.

―――

*당신이 인내하지 못하여 본인은 물론
다른 사람에게까지 영향을 주는 결정을 내렸던 때를 생각해보라.
그 결과가 어떠했는가?*

―――

그 당시 자녀가 없는 여인은 모든 사람으로부터 멸시를 받았다. 불행하게도 하갈은 사라에게 그런 감정을 전달하는 기회를 놓치지 않았다. 지금도 그렇지만, 한 여자가 다른 여자에게 느끼는 감정처럼 묘하면서도 분명하게 전달되는 것은 별로 없을 것이다.

지금까지 살아오면서 좋지 않은 감정을 가졌던 여인이 있는가?
그 사람에게 어떤 행동을 하여 당신의 사랑 없음을 드러냈는가?

사라는 하갈의 말 없는 영향력에 차츰 반응을 보였다. 그녀 역시 자신의 무기를 알고 있었고 그것을 어떻게 사용하는지도 알고 있었다. 그녀는 여주인으로서 그 시대의 법률로 보장되는 권리를 가지고 있었다. 즉 여종인 하갈은 여전히 사라의 마음대로 할 수 있는 개인적인 소유였다.

당신이 사람들을 공격하는 '무기'는 어떤 것인가?
그렇게 하는 이유는 무엇인가?

사라의 허락 없이는 하갈에게 접근할 수 없었던 아브라함은 사라가 하갈을 학대하는 권리 또한 막을 수 없었다.

세 사람 모두 하나님의 율법을 범했고 하나님 앞에서 똑같은 죄인이었지만, 하갈의 태도가 사라에게 깊이 상처를 주었을 것이 충분히 이해된다. 그러한 상처 때문에 사라가 하갈을 몹시 학대했다는 것도 부분적으로 설명이 된다. 그러나 사라의 내적 고통을 안다고 해서 하갈에 대한 학대를 완전히 용납하는 건 어려운 일이다.

사라의 학대에 지친 하갈은 결국 참을성을 잃고 말았다. 그녀는 허락도 받지 않고 광야로 도망쳤다. 이 일을 보면 그녀는 자기 이름처럼 행동했다. 즉 하갈은 문자 그대로 '도망'이라는 뜻이었다. 자기 자신과 아직 태어나지 않은 아기가 죽을지 모른다는 사실을 잘 알면서도 그녀는 장막을 살그머니 빠져나왔다. 그녀는 먹을 것이 없다는 것도, 결코 자기 고향에 도착하지 못한다는 사실도 알았다. 자신의 아기가 햇빛도 보지 못하리라는 사실도 알고 있었다. 그러나 그녀는 무엇이든 시도해보아야 했다.

우리는 종종 어려운 상황을 만나면 도망치려 한다.
당신도 그런 생각을 해본 적 있는가?
도망치지 않고 그 자리를 지키면서 배우게 된 교훈은 무엇인가?

하갈은 본능적으로 애굽을 향해 남쪽으로 걸어갔다. 멀리 걸어갈수록 그녀의 위험도 더욱더 커져만 갔다. 그녀는 보호지역을 벗어나 끝없이 황량한 광야로 나섰다. 몇 킬로미터를 가도 사람 한 명, 짐승 한 마리 볼 수 없었다. 그녀를 도울 수 있는 사람이 아무도 없었다.

시내반도(Sinai Peninsula)의 북동쪽에서 하갈은 술(Shur)로 가는 길목에 있는 사막의 어느 샘물에 이르렀다. 그 오아시스는 청량함과 휴식을 주었지만, 그녀의 내적 필요를 채우지는 못했다.

안정과 호의로부터 분리된 채, 그녀는 자기를 구원해주실 수 있는 아브라함의 하나님께 뼈저린 아픔으로 울부짖었다. 그런 그녀를 하나님께서는 그냥 내버려두지 않으셨다. 시내반도의 거친 사막에서 천천히 움직이고 있는 한 점과 같은 그녀의 모습은 그분의 시야를 벗어나지 못했다. 오늘날에도 온 인류에게 그러하시듯, 하나님은 하갈에게서 눈을 떼지 않으셨다. "하갈아." 하나님은 그녀의 이름을 부르며 큰 소리로 말씀하셨다(창 16:7-9). 하나님은 그녀가 누구인지 분명하게 알고 계셨다. 또한 "사래의 여종"이라는 말을 덧붙이셨다. 그분이 보시는 틀 안에 그녀를 놓으신 것이다. 하나님의 눈에 그녀는 여전히 사래의 여종이었다. 그런 상황에서 하갈을 나무라실 수 있었지만, 하나님은 책망으로 대화를 시작하는 대신 이렇게 물으셨다.

"네가 어디서 왔으며 어디로 가느냐?"

이 말은 하갈에게 자기의 마음을 열고 이야기할 수 있도록 여유를 주는 비무장 접근이었다. 예수 그리스도께서 이 땅에 계실 때, 죄 많은 여인들에게 다가가 그들의 마음을 구원하실 때 쓰신 것과 같은 방법이었다(요 4:4-42, 8:3-11). 예수 그리스도께서 친히 여호와의 천사의 인격 안에서 그녀를 찾아오신 것이다. 그것은 성육신하시기 전 주 예수께서 구약에 나타나신 기록 중 하나다.

―

"네가 어디서 왔으며 어디로 가느냐?"라는 질문은
삶의 큰 그림을 점검하게 한다.
당신이 지나온 과거와 나아가고 있는 미래를 생각해보라.
이 두 영역에 대해 하나님과의 관계에서 무엇을 발견하는가?

―

이후 예수님은 모든 믿는 자의 아비인 아브라함과(창 17:4-5) 율법을 준 자인 모세에게도 같은 모습으로 나타나셨다(출 3:2-6). 두 사람 모두 성경에서 하나님의 친구로 불린다(약 2:23; 출 33:11). 믿음의 영웅인 족장 야곱과 기드온, 두 사람도 비슷한 상황에서 그리스도를 만났을 때 깊이 감동되었다(창 28:12-17; 삿 6:11-23).

그러나 예수 그리스도께서 사람을 만나신 첫 기록은 인류를 구속하시려고 이 땅에 오시기 오래전인 하갈과의 만남이었다. 하나님의 백성에 속해 있지도 않고, 아직 태어나지도 않은 아이의 어머니인 젊은 이방 여인 하갈은 위급한 때 하나님 앞으로 나아갔다. 그러자 하나님은 그녀에게 구원의 길을 보여주셨다. 그녀는 겸손과 회개로 주님께 순종하고 아브라함의 장막 쪽으로 돌아섰다.

하와와 마찬가지로 그녀의 죄는 교만이었다. 그러나 이제 교만한 반항심과 고집스러운 독립심을 버리고 자기 여주인 사라에게로 돌아갔다.

하갈은 권리를 주장하거나 자기 자신을 내세우는 대신 자신을 낮추어야 했다. 주님께서 친히 허리를 굽혀 그녀에게 말씀하시는 겸손의 본을 보여주셨다. 훗날 주님은 죄 많은 사람들에게 대속의 죽음으로 자신을 주시려고 훨씬 더 스스로를 낮추셨다(빌 2:5-11). 그 결과 하나님의 은혜로 주님을 신뢰하는 모든 자에게 새 생명이 주어졌다.

어떤 상황, 혹은 어떤 영역에서 하나님은 당신이 겸손하길 원하시는가?

하나님은 하갈이 복종한 것처럼 스스로 낮추는 자에게 특별한 복을 주신다(벧전 5:6). 하나님은 하갈에게 "네가 임신하였은즉 아들을 낳으리니"라고 말씀하셨다. 그리고 "그 이름을 이스마엘('하나님이 들으심'이라는 뜻)이라 하라 이는 여호와께서 네 고통을 들으셨음이니라. 네 씨를 크게 번성하여 그 수가 많아 셀 수 없게 하리라"(창 16:10-11) 하셨다.

그녀가 낳을 아들은 함께 지내기 쉬운 사람은 아닐 것이다. 그는 거칠고 길들지 않는 성격이 될 것이다. 하지만 그녀는 그러한 하나님의 말씀이 무척 기뻤을 것이다. 다시 한 번 소망을 가질 수 있었을 것이다. 죽음을 기다리는 대신 그녀는 이제 생명을 바라보게 되었다. 그녀는 아직 태어나지도 않은 아기에 대한 기대로 가득 차 있었다. 예수님께서 그들에 대한 계획을 그녀와 개인적으로 나누기 위해 내려오셨기 때문이다.

"오, 나를 살피시는 하나님!" 그녀는 경외와 경배로 이렇게 외쳤다(창 16:13). 물론 여전히 두렵고 떨렸다. 그러나 하나님이 떠나신 뒤 그녀는 이렇게 생각했다. '하나님을 만났는데도 내가 여전히 살아있다. 이 일을 다른 사람들에게 말할 수 있다.'

성경은 주의 사자(천사)들이 나타난 사건을 기록한다

(창 32:24-30; 수 5:13-15; 삿 6:11-24).

이때 사람들의 반응은 어떠했는가? 어떤 면에서 하갈과 비슷한가?

이후 그녀는 하나님을 만난 오아시스의 샘터를 "브엘라해로이"(창 6:14)라고 불렀다. 그것은 '나를 살피시는 분의 우물'이라는 뜻이다. 하갈은 위급한 때에 자기를 돌아보시고 응답해주시는 신실하신 하나님을 경험했다.

살아있는 동안 그녀는 틀림없이 하나님과의 경험을 기억했을 것이다. 또한 그녀가 이스마엘의 이름을 부를 때마다 그녀를 들으시고 행하셨던 살아계신 하나님을 상기했을 것이다.

그렇게 약 17년이 지났다. 이스마엘은 어느덧 건장한 젊은이가 되었고, 약속의 아들 이삭도 세 살이 되어 젖을 떼었다.

당시에는 아기가 젖 떼는 것을 크게 축하했다. 그것이 어린아이의 생애에서 하나의 이정표로 간주되었기 때문이다. 아브라함의 모든 가족과 이웃의 많은 친구들이 이 일을 축하하고 하나님께서 아브라함과 사라에게 베푸신 이적을 보기 위해 찾아왔다. 100세의 아브라함과 90세의 사라가 노년에 아들을 낳는 축복을 받았으니, 훗날 그 아들의 후손을 통해 메시아가 오실 것이 분명했다.

하지만 잔치 분위기가 결코 즐거운 것만은 아니었다. 큰아들 이스마엘은 자기 동생에게만 쏠리는 관심을 너그럽게 받아들이지 못했고, 급기야 이삭을 희롱하기 시작했다. 물론 그것이 두 형제의 단순한 경쟁심만으로 비롯된 것은 아니었다. 불신과 조바심으로 태어난 아들 이스마엘은 약속의 아들 이삭에게 열등의식을 느꼈다. 2인자의 위치를 받아들이기 싫었던 이스마엘은 특권이 부여된 이삭의 자리를 인정하지 않으려 했다. 수년 전 광야에서 어머니에게 주셨던 하나님의 약속을 알지 못했기에 자신이 보조적인 위치에 있어야 한다는 것을 받아들일 수 없었다.

아브라함은 아버지의 사랑으로 두 아들을 똑같이 사랑했다. 오직 사라만 위기에 봉착했음을 깨닫고 아브라함에게 이렇게 요구했다. "이 여종과 그 아들을 내쫓으라. 이 종의 아들은 내 아들 이삭과 함께 기업을 얻지 못하리라"(창 21:10).

사라의 완강한 말에 아브라함은 당황했고 마음이 산란했다. 그러나 그가 기도할 때 하나님은 그에게 두 아들을 갈라놓을 필요가 있음을 보여주셨다. 장차 하나님의 백성 이스라엘을 위해 하나님께서 택하신 족장의 계보는 이삭을 통해 이어질 것이다. 이삭만이 하나님의 약속의 아들이며(갈 4:22-23), 12지파의 조상이 될 것이다.

그때부터 아브라함은 두 아들의 차이가 분명하다는 사실을 이해하게 되었다. 사라가 옳았다. 하지만 그러한 혼란을 통해 하갈의 후손이 크게 되리라는 하나님의 약속은 여전히 유효했다. 즉 이삭과 같이 이스마엘도 12지파의 아비가 될 것이었다. 그도 아브라함의 아들이기 때문이다(창 25:12-16).

하는 수 없이 아브라함은 하갈과 그의 아들을 광야로 내보냈다. 거의 30년 동안이나 아브라함 집에서 살았던 하갈은 그곳을 떠나게 되었다.

아브라함이 하갈을 위해 가죽 부대에 물을 채워 넣을 때, 그 세 사람은 하갈과 이스마엘을 위한 음식과 물이 오래 가지 못할 것을 알았다. 그렇게 힘든 여행이 시작되었다.

피할 수 없는 일이 너무도 빨리 찾아왔다. 가져온 물은 다 떨어졌고 하갈과 이스마엘은 샘을 찾을 수 없었다. 탈수증으로 약해진 이스마엘이 먼저 지쳐 땅에 쓰러졌다. 아들이 곧 죽게 되리라는 사실이 분명해지자 하갈은 마지막 힘을 다해 은신할 수 있는 작은 잡목 아래로 아들을 끌어다 놓았다. 그것이 그녀가 자식에게 해줄 수 있는 마지막 봉사였다.

사랑하는 아들을 위해 할 수 있는 모든 일을 한 하갈은 더 이상 아들이 죽어가는 것을 지켜볼 수가 없었다. 피로와 고통으로 무감각해진 그녀는 조금 떨어진 곳에 앉아 가슴이 찢어지는 듯 통곡했다.

그러자 갑자기 하늘에서 그녀가 수년 전에 들었던 귀에 익은 음성이 들려왔다. 다시 한 번 하나님의 천사가 그녀에게 물었다. "하갈아, 무슨 일이냐. 두려워하지 말라. 하나님이 저기 있는 아이의 소리를 들으셨나니 일어나 아이를 일으켜 네 손으로 붙들라. 그가 큰 민족을 이루게 하리라"(창 21:17-18).

깜짝 놀란 하갈은 불과 몇 발자국 떨어진 곳에 샘물이 있는 것을 보았다. 그녀는 겨우 일어나 가죽 부대에 물을 채웠다. 하나님께서 내려주신 그 물을 마시고 그녀의 아들이 소생했다.

예수 그리스도께서는 절망 가운데 있는 하갈에게 오셔서 또다시 그녀와 아들의 생명을 구해주셨다. 그리고 다시 한 번 이스마엘의 희망찬 미래를 약속해주셨다.

이스마엘이 점점 성장하자, 그의 어머니는 애굽으로 가서 그에게 아내 될 사람을 데려다주었다. 그런 행동을 통해 그녀는 여전히 자신이 이방인임을 증명했다. 아브라함과 사라 옆에서 긴 시간을 보냈지만, 그것이 그녀의 마음을 변화시키지는 못했다. 예수 그리스도의 방문조차 그녀의 마음을 진정으로 변화시키지 못했다. 그녀가 위급할 때 부른 주님, 그녀를 도와주신 주님은 그녀의 삶의 주인이 되지 못했다. 그녀의 마음은 주님을 받아들이려 하지 않았다.

―――

당신은 주님께 마음의 소유권을 드렸는가?
아니면 어려울 때만 주님을 부르는가?
이것이 하나님을 당신 삶의 주로 모시는 것과
어떤 관계가 있는가?

―――

주님은 그녀가 과거에 섬기던 우상을 다시 택할 것을 아셨기에, 그녀가 아브라함의 가족을 강제로 떠나는 것을 허용하셨다. 아브라함 곁에서 보호받으며 안정된 삶을 즐기는 대신 그녀는 사막에서의 방랑 생활을 택했다.

하갈과 이스마엘은 아브라함의 하나님을 섬기는 믿음으로 사는 대신 스스로를 내세우는 잘못된 선택을 했고, 그 결과 전 세계 역사에 지대한 영향을 끼쳤다. 이스라엘 민족이 이삭의 후손인 반면, 이스마엘은 아랍 민족의 조상이 되었다. 그 두 민족 간의 적대감은 오늘날까지 계속되고 있으며, 중동은 극도로 악화된 상태다.

하지만 그럼에도 불구하고 하갈은 예수 그리스도께서 사람들을 사랑하신다는 사실에 대한 증거로 역사 가운데 서 있다. 모든 남자와 여자, 그리고 아직 태어나지 않은 아이도 예수님께 사랑받고 있다고 말이다. 하갈이 그러했듯, 예수님께 부르짖는 모든 사람은 어떤 형편에 있든지 응답을 받는다. 자기 가능성의 한계에 이르렀던 여인에게 기꺼이 자신을 나타내셨던 예수 그리스도께서는 지금도 그분을 찾는 모든 사람에게 그렇게 해주신다.

**HER NAME
IS WOMAN:
LEADERS
AND
WANDERERS**

02

롯의 아내

하나님의 은혜를 신중하게 받아들이지 않은 여인
(창 19:1-17, 24-26)

소돔의 산봉우리는 완전한 소금 바위로 이루어져 있다.
그중 하나는 여자의 모습과 흡사하다.
여행 안내자는 그것을 롯의 아내가 소금 기둥으로 변한 모습이라고 설명한다.
_ 기엔 카젠(Gien Karssen)

    그리스도께서 오신 지 약 20세기가 지난 오늘날, 이스라엘의 버스들이 사해의 남서쪽 해안으로 왔다가 떠나곤 한다. 전 세계에서 온 관광객들이 소돔과 고모라 성의 유적을 보려고 모여들기 때문이다. 아랍인들은 지금도 그곳을 바로에(Bahr Loet), 즉 "롯의 바다"라고 부른다.

    사실 여기엔 구경할 만한 것이 별로 없다. 소돔은 관광객의 눈을 끌 만한 곳이라기보다 하나의 교훈적 장소다. 삶의 흔적도 없다. 아름다운 경치도 펼쳐져 있지 않다. 해변보다 약 400미터 정도 더 낮은 호수의 표면은 지구에서 가장 낮은 지점이며, 견딜 수 없을 만큼 높은 기온으로 수분이 빨리 증발된다. 공기는 열로 인해 흔들리고 소금과 유황 냄새로 무겁게 덮여 있다.

그리 큰 상상력을 동원하지 않아도, 이처럼 답답하고 황폐한 분위기에서 한때 큰 재앙이 일어났었다는 사실을 깨달을 수 있다. 마치 그 땅에 아직도 심판이 계속되고 있는 것 같다.

수세기 전의 그 자리는 비옥하고 푸르렀으며, 생기로 가득 차 있었다(창 13:10). 소돔과 고모라에서의 하루하루는 여느 날과 다름없이 흘러갔고, 하나님의 심판이 임하리라는 징조는 거의 찾아볼 수 없었다.

하나님께서 정하신 그날 저녁, 평화로운 주변 환경과 상관없이 법석거리는 소돔에서는 롯과 그의 가족을 찾아온 두 사람 때문에 소동이 벌어졌다.

롯의 아내는 자기 집에 온 손님들이 하나님께서 그 성을 심판하라고 보내신 천사였다는 것을 알았을까?

아마도 그녀는 아브라함이 그곳에 의인 몇 명만이라도 있으면 소돔과 고모라를 구원해달라고 얼마나 열심히 하나님께 간구했는지 몰랐을 것이다(창 18:23-33).

하나님께서 아브라함에게 말씀하셨다. "소돔과 고모라에 대한 부르짖음이 크고 그 죄악이 심히 무거우니 내가 이제 내려가서 그 모든 행한 것이 과연 내게 들린 부르짖음과 같은지 그렇지 않은지 내가 보고 알려 하노라"(창 18:20-21).

그러나 롯의 아내는 소돔에서 지낸 수년 동안 그곳 사람들의 삶이 부도덕하다는 것을 몰랐다. 상황은 더욱 심각해져 성 안의 남자들이 젊은이나 늙은이를 막론하고, 심지어 남편을 찾아온 손님들까지 강간하려 했다.

그녀는 정욕에 사로잡혀 사악하게 구는 군중들을 설득하기 위해 가정의 안정까지 버리는 남편을 지켜보았다. 그녀는 남편 롯이 그 두 사람과 자기의 두 딸을 바꾸자고 제안하자 당황했지만, 그녀가 불평할 사이도 없이 사태가 급격히 진전되었다.

무엇보다 소돔 사람들이 롯에게 너무도 맹렬하게 화를 냈기 때문에 그녀의 남편 롯은 하나님의 사람들이 친히 개입하여 일어난 이적으로 간신히 생명을 구할 수 있었다.

그것을 본 그녀는 그 두 사람이 롯에게 묻는 몇 가지 심각한 질문에 귀를 기울였다.

"이 외에 네게 속한 자가 또 있느냐? 네 사위나 자녀나 성중에 네게 속한 자들을 다 성 밖으로 이끌어내라. 될 수 있는 대로 빨리 해라. 우리는 이 성을 완전히 멸망시킬 것이다. 하나님께서 그렇게 하라고 우리를 보내셨다"(창 19:12-13 참조).

처음에 그녀는 손님들이 쓸데없이 롯에게 겁을 주는 줄 알았다. 그러나 그들은 폭도들로부터 자기 남편을 구원했다. 그래서 그녀는 그들의 말에 좀 더 주의를 기울이기 시작했다.

흥분한 롯은 문밖으로 뛰어나가 사위들에게 그들과 함께 성 밖으로 도망가자고 설득했지만 성공하지 못했다. 그토록 간곡히 청하는데도 그들의 웃음소리만이 귓가를 울렸을 때 그가 얼마나 좌절과 모욕을 느꼈을까?

그들은 롯이 농담을 한다 생각했고 그를 마치 정신이 나간 사람처럼 바라보았다(창 19:14).

성경은 "너는 권고를 들으며 훈계를 받으라.
그리하면 네가 필경은 지혜롭게 되리라"(잠 19:20)고 권고한다.
당신의 삶 속에서 지혜로운 권고를 피하거나 경시하는 영역이 있는가?

롯의 아내는 남편이 밖에 나가 있는 동안 날이 샐 때까지 겨우 몇 시간밖에 눈을 붙이지 못했다. 그렇게 새벽이 밝아오자 두 방문객은 성급하게 외치며 그녀의 남편에게 말했다. "도망갈 수 있을 때 어서 빨리 이 성을 빠져나가시오. 그러지 않으면 당신들은 이 성과 함께 멸망할 것이오"(창 19:15 참조).

그녀는 잠시 망설이며 옆에 있던 남편과 딸들과 집을 돌아보았다. '내가 왜 내 집을 떠나야 하지?' 그리고 자기 자신에게 물어보았다. '이 성에서, 이 집에서 사는 게 좋지 않을까? 나는 이곳이 익숙해. 남편은 시 위원회에서 존경받는 위치고, 두 딸은 약혼까지 했어. 여느 때처럼 순조로운 일상이고 아무것도 달라진 게 없는데 왜 하나님의 심판이 지금 우리에게 내리는 거지?'

롯의 아내가 수년 전 롯과 함께 메소포타미아를 떠나왔는지, 그보다 훨씬 뒤 소돔에서 롯을 만나 결혼한 것인지에 대해서는 그녀의 배경과 이름처럼 지금까지도 잘 확인되지 않는다. 하지만 그녀가 소돔에서 태어났든 그렇지 않든 그 성이 그녀의 생각을 지배하고 있었다. 즉 그녀는 소돔에 애착을 느끼고 있었다.

성경에는 그녀가 하나님과 개인적인 관계가 있었는지 없었는지에 관한 기록이 없다. 하지만 그녀는 롯과의 결혼으로 성경에서 "믿는 모든 자의 조상"(롬 4:11)이라고 부르는 아브라함의 가까운 친척이 되었다. 아브라함과 사라는 소돔과 매우 가까운 헤브론에 살고 있었다. 틀림없이 그녀는 그들을 만났을 것이며, 그들을 통해 하나님에 대해서 들었을 것이다.

그녀의 남편 롯 역시 여호와 하나님을 알고 있었다. 그러나 그가 소돔에 점점 애착을 갖는 만큼 하나님으로부터 점점 멀어져갔다.

―――

*당신은 어떤 방식으로
주변의 악한 세상에 지나치게 매달려 있는가?
시간을 내어, 세상에 살면서도
세상에 속하지 않을 수 있는 방법을 보여달라고 기도하라.*

―――

그때 하나님께서 결단을 내리셨다. 하나님은 소돔의 사악함을 더 이상 방치하실 수 없었다. 사악하고 부끄러움을 모르는 수많은 죄로 인해 그 성을 심판하셔야 했다.

그러한 진노에도 불구하고 하나님의 마음은 롯의 아내와 그의 가족을 향해 움직이셨다. 하나님께서는 이미 그 성을 향하고 있는 죽음의 발톱에서 그녀를 구원하기 원하셨다. 참으로 그녀는 구원받을 자격이 없었지만, 하나님께서 그녀에게 은혜를 내려주시고 호의를 베풀기 원하셨다. 심지어 하나님의 천사들을 문 앞에 보내셔서 멸망에서 제외될 몇몇 사람을 구원하려 하셨다.

하지만 그녀는 머뭇거렸다. 천사들은 초조하게 그녀가 움직이기를 기다렸고, 결국 더 이상 머뭇거릴 수 없는 순간이 왔다. 하나님의 진노의 잔이 마지막 방울까지 넘칠 만큼 가득 차 있었다. 그들이 기다리는 순간순간이 그들의 생명을 위협하고 있었다.

하나님께서는 롯과 그의 가족을 구원하시기 위해 할 수 있는 모든 일을 하셨다. 주님을 향한 롯의 사랑이 식어버렸지만, 하나님께서는 여전히 그를 의인으로 간주하셨다(벧후 2:7-8). 가족들은 이제 하나님의 사자들에게 귀를 기울이고 그들의 경고를 마음에 받아들여야 했다. 즉 그들은 죄의 도성을 떠나야 했다.

―

하나님께서 당신에게 어떤 '죄의 도성'을 떠나라고 부르시는가?
삶에서 당신이 하나님으로부터 멀어지게 하는
영역이나 태도, 관계가 있는가?

―

갑자기 천사 하나가 롯의 아내의 손을 잡고 대문 밖으로 끌고 나갔다. 그리고 계속 그녀에게 권고했다. "뒤를 돌아보지 말고 계속 앞을 향해 가시오. 산으로 빨리 도망가서 멸망당하지 않도록 조심하시오"(창 19:17 참조).

롯과 그의 가족이 집을 떠나 소돔에서 조금 떨어진 교외에 다다랐을 때, 롯은 가까이 있는 조그마한 성 소알에 머무르게 해달라고 부탁했다. 천사들은 그의 부탁을 들어주었다. 그리고 조금도 시간을 낭비하지 않도록 그를 재촉했다. "빨리 소알로 도망하라. 네가 안전할 때까지는 우리가 아무 일도 하지 않을 것이다"(창 19:21-22 참조).

　롯과 그의 가족은 소알을 향해 떠났다. 동양적인 관습에 따라 롯이 가장 앞에서 나아갔고, 그의 아내는 몇 걸음 뒤에서 따라갔다.

　그들이 소알에 닿자마자 심판이 내렸다. 하늘에서 유황과 불이 소돔과 고모라에 떨어졌다. 자연의 힘이 두 성을 몹시 흔들어 재로 만들어버렸다. 두 성은 하나님의 손에 의해 지구상에서 없어지고 말았다. 사람 한 명, 동물 한 마리, 풀 한 포기, 나무 한 그루 살아남지 못했다.

　하늘에서 무서운 심판이 퍼부을 때, 롯의 아내는 하나님의 음성을 진지하게 받아들이지 않았다. 그래서 결국 뒤를 돌아보았다. 그녀의 두 발은 소돔에서 멀어졌지만 마음은 아직도 거기서 머뭇거리고 있었다.

당신은 어떤 식으로 과거의 악한 습관이나 환경을 뒤돌아보는가?
하나님 앞에 당신의 마음을 내려놓고
당신의 눈이 하나님께 고정되게 해달라고 구하라.

　그 일은 그녀에게 치명적이었다. 유황과 소금이 비같이 내리덮어 그녀를 질식시켰고, 그곳이 그녀의 무덤이 되고 말았다. 성경은 그녀의 이야기를 이렇게 묘사한다. "롯의 아내는 뒤를 돌아보았으므로 소금 기둥이 되었더라"(창 19:26).

　하나님께서 제시간에 그녀에게 경고하셨기에 그녀는 충분히 죽음을 면할 수 있었다. 그러나 그녀는 하나님의 경고를 신중하게 받아들이지 않았다. 그와 같이 하나님의 은혜를 경시한 것은 매우 큰 잘못이다. 다윗의 말을 빌리면, 그녀는 하나님과 하나님께서 행하신 일을 생각하지 않았다(시 28:5 참조). 이사야의 말도 그녀에게 적용될 것 같다. "악인은 은총을 입을지라도 의를 배우지 아니하며 정직한 자의 땅에서 불의를 행하고 여호와의 위엄을 돌아보지 아니하는도다"(사 26:10).

하나님의 은혜를 무시한 적이 있는가?
그 결과가 어떠했는가?

은혜를 소홀히 여긴 대가로 그녀는 결국 자신의 생명을 잃었다. 그녀는 하나님께서 자신을 구원하시도록 허용하지 않았다. 하나님께서 그녀를 향해 내미신 구원의 손길을 받아들이지 않았다. 그녀는 소돔의 죄 때문이 아닌, 순종하고 믿음으로 행하려 하지 않았기 때문에 죽었다. 그녀는 하나님의 은혜를 헛되게 받아들였다(고후 6:1).

성경은 은혜에 대해 어떻게 이야기하는가?
욥기 33장 14절, 17-18절과
고린도후서 6장 1절에 대한 당신의 반응은 어떠한가?

훗날 예수님은 그녀를 경고의 본보기로 삼으셨다. 즉 임박한 마지

막 심판을 두고 제자들에게 이렇게 말씀하셨다. "롯의 처를 기억하라"(눅 17:32).

롯의 아내는 구원받을 수 있는 기회를 놓쳐버렸다. 그녀의 운명이 결정되고 말았다. 하지만 그녀의 이야기를 읽은 사람들이 하나님의 은혜를 기꺼이 받아들인다면, 그녀에 대한 기억은 축복이 될 수 있다. 예수 그리스도 안에 충만한 은혜가 있다(엡 1:7-8). 예수님을 믿는 사람들은 분에 넘치는 하나님의 은혜를 선물로 받는다(엡 2:8).

성경의 기록을 신중하게 받아들이는 모든 사람에게는 희망이 있다. "그러므로 우리는 들은 것에 더욱 유념함으로 우리가 흘러 떠내려가지 않도록 함이 마땅하니라 천사들을 통하여 하신 말씀이 견고하게 되어 모든 범죄함과 순종하지 아니함이 공정한 보응을 받았거든 우리가 이같이 큰 구원을 등한히 여기면 어찌 그 보응을 피하리요 이 구원은 처음에 주로 말씀하신 바요 들은 자들이 우리에게 확증한 바니"(히 2:1-3).

HER NAME IS WOMAN: LEADERS AND WANDERERS

03

라헬

외모는 아름다웠지만 내면은 실망스러웠던 여인
(창 29:1-30, 30-33장, 35장)

> 두 종류의 아름다움이 있다. 하나님께서 태어날 때 주신, 꽃과 같이 아름답지만
> 곧 시들어버리는 아름다움과 하나님의 은혜로 거듭날 때
> 하나님께서 허락하시는 아름다움이다.
> 그런 아름다움은 결코 사라지지 않고 영원히 피어 있다.
> _ 아브라함 카이퍼

라헬은 다소 어리둥절하여 우물가에 서 있는 낯선 사람을 힐끗 바라보았다. 매일 하던 대로 양들이 물을 마시게 하려고 그곳에 왔다가 겨우 몇 분 전에 그를 만났을 뿐이다. 그녀가 우물곁으로 가까이 갔을 때, 그 낯선 사람이 우물 입구에서 한 손으로 돌을 옮겨 놓고 있었고, 그녀는 그것을 감탄스러운 눈으로 지켜보았다. 그 일은 보통 서너 명의 장정이 함께 해야 할 만큼 힘든 일이었기 때문이다.

그녀는 전에 그를 본 적이 없었지만 전혀 낯선 사람 같지 않았다. 어딘가 낯이 익었다. 잠시 후 그녀는 그 이유를 알았다. 그는 자신이 그녀의 사촌이라고 소개했다. 야곱이라는 이름을 가진 그는 그의 아버지 이삭과 결혼하기 위해 수년 전 자기 집을 떠나 가나안으로 갔던 그녀의 고모 리브가의 아들이었다.

'내가 아름답다고 생각하는구나.' 자신을 바라보는 그의 태도를 슬쩍 훔쳐보며 그녀는 이렇게 생각했다. 이런 생각은 라헬에게 전혀 새롭지 않았다. 그녀는 뛰어난 미모로 종종 주변의 관심을 끌었으며, 대부분의 미인이 그렇듯 자신의 아름다움에 경의를 표하는 것을 당연한 것으로 받아들였다. 그러나 그 사람이 그녀를 보는 눈은 달랐다. 야곱의 두 눈에서는 사랑의 불꽃이 일어났고, 그의 입맞춤은 이제 막 도착한 친척으로서의 의례적인 인사 이상이었다.

자신의 겉모습에 대한 관점이
당신의 생각이나 다른 사람의 태도에 따라 좌우되는가?

처음 본 순간부터 야곱은 그녀의 미모에 사로잡혔고, 아름다운 사촌 라헬에 대한 사랑은 점점 깊어졌다. 한 달 후 야곱은 외삼촌인 라반 집의 일원이 됨으로써 그녀에 대한 자신의 관심을 나타내기 시작했다. 라반이 야곱에게 말했다.

"아무리 친척이라 해도 보수도 없이 일하게 할 수는 없다. 얼마를 받으면 좋겠느냐? 그 값을 말해보아라"(창 29:15 참조).

그러자 야곱은 조금도 주저하지 않고 대답했다. "저는 외삼촌의 딸 라헬을 위해 7년 동안 봉사하겠습니다"(창 29:18 참조).

그의 대답은 단호했다. 그는 라헬을 사랑했고, 그녀를 아내로 맞이하기 위해서라면 그 이상의 일도 할 용의가 있었다. 7년이라는 세월은 길었지만 라헬에 대한 열정적인 사랑으로 그 긴 세월이 야곱에게는 불과 며칠에 불과한 것처럼 느껴졌다.

그렇다면 라헬은 그 기간 동안 어떤 감정이었을까? 야곱이 자신을 사랑한 만큼 그녀도 그를 사랑했을까? 성경에는 그녀의 결혼식 날 일어난 엄청난 사건이 그녀에게 몹시 고통스러웠을 것이 분명한데도 그녀의 감정에 대해 아무 언급이 없다.

무엇이 자신에게 가장 유익할지 생각한 라반은 목표를 달성하기 위해 잘못된 방법을 사용하는 것도 서슴지 않았다. 그는 못생기고 나이 많은 딸 레아를 먼저 결혼시키려고 라헬에 대한 야곱의 열정적인 사랑을 계획적으로 이용했다. 결혼식 날 야곱의 방에 라헬 대신 레아를 들여보냄으로써 라반은 야곱을 속이고 라헬 대신 레아와 결혼시켰다.

다음 날 아침 야곱은 라반의 속임수에 화를 내고 항의했지만 라헬의 반응에 대해서는 성경에 아무런 기록이 없다. 7년 동안 야곱이 라헬을 그리워한 것처럼 그녀도 야곱을 그리워했을까? 신부를 바꿔친 것이 그녀의 마음에 슬픔을 가져다주었을까? 그녀의 속마음은 어떠했을까? 그녀의 외모만큼 그녀의 내면도 아름다웠을까? 상황에 대한 그녀의 반응이 그에 대한 답이 될 것이다.

―

상황에 대한 당신의 반응이
내면의 영적 상태를 어떻게 드러내는가?

―

결혼 일주일 후, 야곱은 라반에게 7년 동안 더 봉사한다는 조건으로 라헬과 결혼한다. 한 남자가 두 여자와 결혼했을 때, 특히 그 여자들이 자매인 경우에는 문제가 매우 심각해진다. 그렇게 해서 라헬과 레아 사이에는 바람직하지 못한 상황에서 수반되는 긴장감이 감돌았다. 야곱이 라헬은 사랑하고 레아는 사랑하지 않는다는 사실이 사태를 더욱 악화시켰다.

자신을 사랑해주지 않는 남편과 함께 사는 고통을 경험한 레아는 하나님께 매달렸다. 그래서 하나님은 레아에게 여섯 아들과 딸 하나를 주셨다. 외적인 아름다움을 갖지 못했던 레아의 내적 아름다움은 고통 속에서 점점 성숙해졌고, 그녀는 더더욱 하나님을 경외했다.

한편 라헬은 다른 방법으로 측은한 모습을 보였다. 그녀에게는 감사와 동정이 거의 없었다. 그녀는 레아를 시기하고 오직 자신만 생각했다. 자신이 레아보다 특권을 누리고 있으며, 야곱의 사랑을 받으면서 매력적인 외모를 소유하고 있다 여겼다. 그런데도 자신에게는 자녀가 없다는 생각에 집착하여 어머니로서 누리는 레아의 행복을 시기했다. 그 점에 있어서 자신이 언니에게 뒤지고 있다는 사실을 마음속으로 받아들이려 하지 않았다.

당신은 어디에서 당신의 정체성과 목적의식을 찾는가?
그러한 것들을 그리스도가 아닌 관계나 재능, 외적인 것에 두기 쉽다.
이 문제로 고민해 보았다면, 그리스도 외의 것을 목표로 삼는 것이
당신의 관점에 어떤 영향을 미쳤는가?

라헬은 울부짖으며 야곱에게 소리쳤다. "내게 자식을 낳게 하라! 그렇지 아니하면 내가 죽겠노라"(창 30:1).

이처럼 냉혹한 말은 그녀가 야곱을 어떻게 생각하고 있는지를 여실히 드러낸다. 그녀는 수치를 당하느니 죽는 것이 더 낫다고 생각했다. 야곱은 그녀에게 그다지 중요한 위치를 차지하지 않는 것이 분명했다. 또한 그녀의 그러한 외침은 하나님을 모독하는 것이었다. 야곱은 라헬이 엉뚱한 사람에게 불평한다는 사실(자녀의 복은 하나님께서 허락하시는 것이다)을 지적했지만, 라헬을 회개시킬 수는 없었다.

라헬은 욕망을 성취하지 못한 고통으로 하나님에게서 멀어져갔다. 하나님께 나아가는 대신 그녀는 자신이 주도권을 쥐고 해결책을 모색하려 했다. "내 여종 빌하를 아내로 취하세요. 그녀가 낳은 자녀를 나의 자녀로 삼을 거예요"(창 30:3 참조).

그녀는 빌하의 자녀가 법적으로 자신의 자녀가 되고 야곱의 법적인 후손이 된다는 관습을 알고 있었다. 이후 빌하의 아들이 태어났을 때 라헬의 성향이 한층 더 드러났다. "하나님께서 나를 공정하게 대하셨다." 그렇게 말하고 그녀는 아기의 이름을 '단'이라 지었다(창 30:6). 하나님의 이름을 언급하긴 했지만, 라헬에게 자녀는 레아와의 경쟁인 것이 분명했다. 라헬은 자기의 권리를 부르짖었다. 출산에서 언니보다 뒤처져 있었던 그녀는 그러한 위치를 바꾸고 싶었다.

그와 같은 생각은 빌하가 둘째 아들 납달리를 낳았을 때 더욱 분명해졌다. '경쟁'이라는 뜻의 그 이름은 자신이 언니와의 치열한 시합에서 차츰 승리하고 있다는 생각을 나타내는 것이었다. 라헬은 언제나 사람들과 그 주위 환경에 부정적인 영향을 미치는 신랄함과 위험하고도 전염성 있는 태도를 보였다(히 12:15).

당신 삶에 쓴뿌리가 스며들도록 허용한 적이 있는가?
그렇다면 그 쓴뿌리를 뽑아달라고 기도하라.
그런 경험이 없다면 쓴뿌리로부터 보호해달라고 기도하라.

라헬은 야곱과의 결혼생활에 첩을 데려왔고, 그것은 위험한 연쇄작용의 시작이 되었다. 얼마 후 레아도 자기 여종 실바를 데리고 와서 라헬처럼 했다. 결국 (사태는 걷잡을 수 없이 확산되어) 그 가족은 한 남자에 네 아내로 구성되었다.

남편의 사랑이 계속된다는 사실에 라헬이 얼마나 깊이 감동했는지는 성경에 분명하게 나와 있지 않다. 하지만 그녀가 레아와의 경쟁에서 남편의 사랑을 교묘히 이용했던 것만은 분명하다. 수년이 흘러도 그녀의 질투는 여전했다. 그녀는 계속해서 야곱의 사랑을 바라는 언니에게 아무 동정심을 느끼지 않았다. "내게 달라"는 말만이 그녀의 심중을 차지했다.

밀을 추수하던 어느 날 라헬의 이기적인 태도가 드러났다. 레아의 첫째 아들 르우벤이 자기 어머니에게 어떤 열매를 가져다주는 것을 본 라헬은 그것을 갖고 싶었다. 합환채라는 그 열매는 사랑하는 힘을 강화시키는 것으로 알려져 있었다. 희귀했던 만큼 르우벤의 발견이 더욱 대단해 보였다.

"언니의 아들이 가져온 합환채를 주세요. 그러면 오늘 밤 야곱과 동침하게 해줄게요"(창 30:14-15 참조).

마치 은혜라도 베푸는 듯 라헬은 자신의 만족을 위해 사랑을 상품처럼 나누어주었다. 가족과 남편을 자기 손아귀에 쥐고, 교만하게도 사랑을 자신의 목적을 얻기 위한 수단으로 사용했다.

당신의 목적을 위해 다른 사람을 조종한 적이 있는가?

그렇게 한 동기는 무엇인가?

그 상황에서 하나님이 무엇을 깨닫게 하셨는가?

라헬은 사랑의 참된 의미를 알지 못했다. 사랑의 교감으로 느낄 수 있는 따스함은 라헬과 거리가 멀었다. 그녀가 알고 있는 사랑은 이기적인 사랑이었다. 그녀의 매력인 외적 아름다움과 그녀의 내적 교만, 그리고 뻔뻔함의 공존은 부조화의 모순이었다. 라헬의 관심은 자신만의 울타리를 벗어나지 못했다.

삶의 진정한 의미와 가치 면에서 라헬은 하나님에 의해 주관되었던 레아보다 훨씬 뒤떨어진다. 하지만 그것이 라헬을 향한 하나님의 선하심을 막지는 못했다. 비참한 인간의 이기심도 하나님의 은혜를 삭감시킬 수 없었다. 주님은 라헬의 고통을 아셨다. 아이를 갖고 싶어 하는 그녀의 열정적인 욕망을 아신 주님은 그녀에게 아들 요셉을 주셨다. 그의 이름을 지을 때 그녀는 다시 한 번 언니에게 뒤지고 있다는 감정이 자신에게 얼마나 깊숙이 자리 잡고 있는지 증명했다.

"하나님이 내 부끄러움을 씻으셨다. 다시 다른 아들을 내게 더하시기를 원하노라"(창 30:23-24).

아들을 낳은 뒤에도 라헬은 달라진 게 없었다. 그녀의 마음속에는 여전히 이기적이고 질투심 많고 감사하지 않는 교만이 남아 있었다. 그녀의 일생 동안 "내게 주시오, 더 주시오."와 같은 태도가 반복되었다. 그녀의 경쟁심은 감사하는 마음을 막아버렸다. 상반된 두 마음이 동시에 존재할 수 없었다.

최근에 하나님께 받은 복을 생각해보라.
그 복에 대해 당신은 어떻게 반응했는가?

요셉이 태어난 뒤 야곱의 가정에 변화가 일어났다. 야곱의 다른 아들이 할 수 없었던 일을 사랑하는 라헬의 아들이 해낸 것이다. 야곱은 자기 아버지의 땅을 그리워하게 되었다. 14년 동안 일한 야곱은 더 이상 낯선 땅에서 다른 사람을 위해 일하고 싶지 않았다. 외삼촌 라반은 그에게 좀 더 머물라고 했지만 야곱은 가족의 미래를 위해 계획을 세우기 시작했다. 6년을 더 열심히 일한 후(그동안 그는 부자가 되었다), 가나안으로 돌아가기로 결단을 내렸다.

그날 야곱은 라헬과 레아를 불렀다. 그런 다음 여호와 하나님께서 어떻게 자기에게 고향으로 돌아가는 긴 여행을 시작하라고 명령하셨는지 설명했다. 두 아내 모두 그의 결정에 찬성했다. "하나님께서 당신에게 말씀하신 대로 하세요."

그들은 이구동성으로 대답했다(창 31:16 참조). 두 여인 모두 그와 함께 기쁘게 가려 했다. 그의 결정에 대해 아무런 갈등이 없었다.

하나의 사건으로 어떤 사람의 내적 상태를 예리하게 측정할 수 있다. 어떤 사람의 반복되는 일상을 중단시키는 특수한 상황은 몇 년 동안 그를 장식해주던 모든 주변 상황으로부터 벗어나게 한다.

―

당신의 삶에서 제거되어야 할 거짓된 힘과 태도는 무엇인가?

―

그런 종류의 변화가 라헬이 가나안으로 가는 긴 여행을 준비할 때 그녀에게 큰 영향을 주었다. 가나안으로 가는 여행은 한 번도 자기 마을 밖으로 나가본 적 없는 젊은 여인에게 큰일이 아닐 수 없었다. 여행은 길 것이고 앞으로 가게 될 곳은 낯선 땅이었다.

―

하나님께서 어떤 변화를 사용하여 당신이 성장하게 하셨는가?

―

하나님께서 야곱에게 떠나라고 하신 것과 가까이 계시겠다고 하신 격려의 말씀은 라헬에게 아무런 보장이 되지 않았다. 야곱과 지낸 수년 동안의 결혼생활이 그녀를 하나님께로 데려다주지 못했던 것이 분명하다.

남편의 사랑도 라헬에게 하나님을 확실히 알게 하는 영감을 일으키지 못했다. 그의 가장 깊숙한 생각이 그녀에게 전달되지 않았고 그와 그녀는 영적인 삶을 나누지 않았다. 야곱의 인격에 결정적인 약점

(사업을 다루는 교묘한 솜씨와 속임수)이 있었음에도 불구하고 하나님에 대한 그의 믿음은 언제나 승리를 거두었다.

그녀를 오랫동안 지탱해준 안정감이 흔들리기 시작하자 라헬은 자기가 의지하던 것, 즉 자기 아버지가 섬기는 우상에 매달렸다. 야곱이 하나님과의 언약을 새롭게 하려 할 때, 라헬은 이방 우상에게서 안식을 찾고 있었다.

당신이 위로를 얻으려 하는 이 세상의 우상은 어떤 것인가?
어려울 때 더 빨리 하나님께 나아가도록
당신의 생각을 바꾸는 방법은 무엇인가?

레아 역시 우상을 섬기던 그 땅에서 태어났고 그곳에서 교육받았지만, 그녀의 마음은 흔들리지 않았고 하나님에 대한 믿음이 점점 커지고 있었다. 그녀는 라헬과 달리 자기 남편 야곱의 하나님을 신뢰하게 되었던 것이다.

대가족이 가축떼를 몰고 비밀리에 떠날 준비를 하는 동안, 라헬은 자기 아버지의 우상을 훔쳤다. 그런 행동은 그녀와 야곱의 관계를 좀 더 분명하게 보여준다. 그녀는 야곱 몰래 도둑질을 했다. 자기의 고민을 남편과 나누지 않았다. 라헬에 대한 야곱의 사랑에도 불구하고, 두 사람은 결혼생활 속에서 진실한 교제와 대화를 나누지 못했다.

우상을 훔친 일로 라헬은 자기 목숨까지 걸어야 했다. 라반이 자기의 우상을 도둑질했다고 야곱을 비난했을 때, 야곱은 너무나 큰 모욕을 느껴 다음과 같이 말하며 화를 냈다. "그것을 가진 자에게 저주가 임하리라. 그는 살지 못할 것이다"(창 31:32 참조).

그러나 라헬은 죽음을 면하려고 거짓말을 했다. 그녀는 약대 안장 밑에 자기가 도둑질한 우상을 넣고 그 위에 올라앉았다. 그리고 교묘하고도 그럴 듯한 변명을 생각해냈다. 라반이 자신의 장막을 조사할 때, 그녀는 여자이기 때문에 몸이 불편한 체하며 자리에서 일어나지 않았다. 그래서 라반은 우상을 발견할 수 없었다. 라헬은 들키지 않았지만, 그녀의 행동과 도둑질한 우상은 족장 야곱과 가족의 신앙을 더럽혔다. 훗날 그녀의 행동으로 인해 나쁜 결과가 나타난다.

성경은 인간의 마음에 대한 하나님의 생각을 분명히 나타낸다. 여러 구절로 인간의 마음을 분명하게 묘사하고 있다. 인간의 마음은 "어려서부터" 악하다(창 8:21). 인간의 마음은 거짓되고 부패하고 너무나 복잡해서 하나님만이 아신다(렘 17:9-10). 하나님은 인간의 마음을 교만하고 패역하다고 하셨으며(렘 5:23), "마음이 교만한 자"를 미워한다고 말씀하신다(잠 16:5). 참으로 죄 많고 깨끗하지 않은 마음에는 하나님께서 관용을 베풀지 않으신다는 것이다. 훗날 이스라엘의 왕 다윗은 이러한 사실을 깨닫고 하나님께 다음과 같이 기도했다. "하나님, 내 속에 정한 마음을 창조하소서"(시 51:10 참조).

인간은 자기 자신의 마음을 변화시킬 수 없다. 아무리 노력해도 스스로는 그 마음을 변화시키지 못한다. 하나님만이 변화시키실 수 있다. 때문에 하나님께서는 그분이 우리 안에서 역사하실 수 있도록 모든 사람을 부르시며 "네 마음을 내게 달라." 하신다(잠 23:26).

그러나 이와 같은 하나님의 사랑에도 불구하고 사람들의 마음은 고집스럽고 완악하다. 하나님께서는 인간의 마음을 변화시키고 굽히시기 위해 사람들에게 고통을 주신다. 또한 사람들이 하나님의 뜻을 행할 준비가 되었는지 보시기 위해 그들을 시험하신다(신 8:2, 16).

주석 성경이나 인터넷 자료를 이용하여
성경이 마음에 대해 말하는 내용을 찾아보라.
성경은 하나님에 대한 우리 마음에 대해 무엇을 가르치는가?

이러한 사실로 미루어 본다면 라헬의 마음이 예외적으로 나쁘거나 보통 이상으로 고집스러운 것은 아니었다. 자기 생애를 하나님께 의탁하는 대신 그녀는 스스로 자신의 삶을 주관하기로 결정했을 뿐이다. 그와 같이 잘못된 결정은 라헬을 이기주의로 빠뜨렸고 그녀의 개인적인 문제를 증가시켰다. 하나님의 사랑이 그녀의 마음속에 스며들 기회가 없었다. 그녀의 마음은 어두움과 차가운 교만으로 닫혀 온 기가 없었다.

사람이 다른 사람과 마음을 나누려면 먼저 자기 마음을 하나님께 굴복시켜야 한다. 그럴 때 비로소 그의 삶을 찬란하고 행복하고 따뜻하게 해줄 수 있는 하나님의 사랑을 받아 전달하게 된다.

어머니로서의 자신을 증명하기 위한 라헬의 갈등은 결국 그녀를 죽음에 이르게 했다. 야곱과 그의 가족이 약속의 땅에 정착하기도 전에 라헬은 아기를 낳다가 죽고 말았다. 마지막 숨을 거두며 라헬은 아기의 이름을 '베노니'라고 지었다. 그것은 '슬픔의 아들'이라는 의미다. 그러나 야곱은 나중에 그 아기를 '오른손의 아들'이라는 뜻인 "베냐민"으로 불렀다(창 35:18).

라헬의 개인적인 번민과 불행에도 불구하고, 그녀의 큰아들 요셉에게는 희망의 빛이 비쳤다. 어머니가 돌아가셨을 때 그는 아직 어렸지만, 그의 삶 속에는 하나님의 절대적이고도 분명한 인도하심이 있었다. 이후 그는 특별한 하나님의 사람으로 자라났다. 그는 히브리 민족에게 축복이 될 특별한 운명을 지니고 있었다.

라헬이 죽기 직전에 야곱은 하나님과의 언약을 새롭게 했다. 그는 자기 집에서 모든 이방 우상을 제거하고 다 태워버렸다. 그러한 순화 작업이 일어난 뒤 하나님과 야곱의 가족이 매우 친밀해졌고, 이를 본 이웃 사람들은 깊은 감동을 받았다. 과거의 모든 실수에도 불구하고 하나님과의 새로운 관계가 시작된 것이다.

삶의 마지막 순간에 라헬의 마음은 하나님께로 나아갔을까? 어머니 없는 소년 요셉은 그의 아버지 야곱이 열심히 교육한 결과물일까? 혹은 하나님의 능력으로 말미암아 완전히 변화된 라헬이 요셉에게 잊을 수 없는 감동을 준 것일까?

그 대답이 어떠하든, 라헬의 삶은 가련하고 성취되지 못했다. 만약 그녀의 내적 아름다움과 외적인 아름다움이 조화를 잘 이루었다면 라헬의 삶은 풍성하고 의미 가득 찬 생이 되었을 것이다.

**HER NAME
IS WOMAN:
LEADERS
AND
WANDERERS**

04

보디발의 아내

정욕에 사로잡힌 여인
(창 39:1-20; 살전 4:3-5)

> 성경적인 사고방식에 따르면,
> 성적인 관계를 맺은 두 사람은 그 이후가 결코 전과 같을 수 없다.
> 그들은 마치 서로 그러한 경험이 없었던 것처럼 행동할 수 없다.
> 관련된 사람들을 묶어 한 쌍으로 만들며,
> 하나의 육체로 결합하여 모든 충만을 나타낸다.
> _ 월터 트로비쉬

보디발의 아내는 모든 것을 가지고 있었다. 그녀는 바로의 시위 대장이라는 높은 지위에 있는 남편이 있었다(창 37:36). 넓고 화려한 집에서 살았다. 부유함 속에서 풍부한 음식과 의복을 가지고 제멋대로 살았다. 자기가 원하는 조그마한 일까지 모두 해주는 수많은 하인을 두었다. 한마디로 그녀는 매우 버릇없는 여인이었다.

애굽 여인이었던 그녀는 당시의 다른 여인들보다 훨씬 더 많은 자유를 누리고 있었다. 사람들은 그녀가 매우 행복할 거라고 생각했다. 그러나 실제는 전혀 그렇지 않았기에 그러한 결론은 근시안적인 것으로 판명이 났다.

사람들은 상황이 사람을 만드는 게 아니라고 한다. 하지만 상황은 사람을 드러낸다. 보디발의 아내에게만큼은 분명한 사실이었다.

현재 상황에서 당신의 태도는 당신에 대해 무엇을 보여주는가?

그녀는 자기 남편이 거느리는 종의 우두머리였던 요셉과 함께 성경에 등장하고 있다. 야곱과 라헬의 아들인 요셉은 형들에게 팔려서 보디발의 집으로 왔다. 당시 그는 놀랄 만큼 잘생긴 남자였다.

그러나 요셉의 내면은 그의 준수한 외모보다 더 주목할 만했다. 그가 하나님과 가까이 동행하고 있었기 때문이다. 하나님께서는 꿈을 통하여 요셉에게 그의 장래를 여러 번 계시해주셨다. 그것이 바로 요셉의 형들이 그를 질투한 이유 중 하나였다. 그들은 요셉이 자기들을 경멸한다고 느꼈다. 아버지가 요셉을 더 사랑한다는 사실에 머리끝까지 분노가 치밀었고, 마침내 지나가는 상인들에게 요셉을 팔아버렸다.

그렇지만 하나님께서 요셉과 함께하신다는 것이 곧 분명해졌다. 요셉이 가는 곳마다 하나님의 축복이 따랐기 때문이다. 보디발의 집도 요셉 때문에 축복을 받았다. 서로에 대한 존경과 감사가 요셉과 그의 주인 사이에 점점 더 자라났고, 요셉의 책임이 더욱 커져 나중에는 집안 전체를 맡아 관리하게 되었다.

언뜻 보기에 여자가 바랄 수 있는 모든 것을 소유한 것처럼 보였던 보디발의 아내는 내적으로 텅 비어 있는, 목적이 없는 여자였다. 그녀는 시간이 너무 많았다. 그녀는 자기 직업을 전부로 알고 있는 남자와 결혼했다. 성경에는 자녀에 대한 언급이 없는데, 설령 있었다 해도 유모가 돌보았을 것이다.

남편이 자신에게 관심을 기울여주지 않았기 때문에 그녀의 감정이 상해 있었는지 모른다. 텅 빈 삶은 채워지기 원하고, 텅 빈 마음은 만족을 갈망한다. 보디발의 아내는 결국 자기 마음속에 있는 욕망을 표현하고 말았다.

―

공허한 삶을 경험한 적이 있는가?
그때 당신은 무엇으로 공허함을 채우려 했는가?

―

그녀는 요셉의 매력이 그의 육체적인 모습뿐 아니라 내적인 인격의 아름다움과 의로움과 충실함에서 비롯되었다는 것을 깨닫지 못했을까? 요셉의 특별함이 그가 하나님과 가까이 동행한 데 있다는 것을 이해할 수 없었을까?

분명히 몰랐던 것 같다. 그녀는 한 번이 아니라 계속해서 자신과 요셉에게 굴욕적인 짓을 했기 때문이다. 그녀는 자기 자신과 몸을 요셉에게 맡기려 했다. 오직 성(性)에서 만족을 찾으려 했다. 그녀는 자기가 추구하는 감각이 사랑과 결혼이라는 안정 속에서 이루어지지 않는다면 결국 그녀를 소모시킬 열정과 감정적인 흥분을 자아낼 뿐이라는 사실을 알지 못했다.

세상을 창조하실 때 하나님은 이렇게 말씀하셨다. "이러므로 남자가 부모를 떠나 그의 아내와 합하여 둘이 한 몸을 이룰지로다"(창

2:24). 그러므로 성욕은 하나님에 의한 결혼의 따스함과 안정과 사랑 가운데 영원히 포함되어 있는 것이다. 그리고 한 육체가 된다는 것이 사랑의 결과여야 한다는, 하나님의 분명한 명령에 의한 것이다. 가정을 시작하기 전에 자기 부모를 떠나겠다고 결정하는 것은 성적 사랑의 절정을 이룰 알맞은 환경을 조성해준다. 그와 같은 선행 조건이 없는 성은 인간을 소모시키고 동물 수준으로 격하시키는 욕정이 된다. 그것은 자책과 외로움과 수치감을 가져온다. 더 큰 감각적 욕정을 불러일으키기 때문에 더 큰 외로움을 자아낼 뿐이다. 결국에는 철저한 외로움으로 끝나게 되고, 불행의 악순환이 된다.

성에 대한 당신의 견해는 어떠한가?
그것이 당신의 대인관계에 어떤 영향을 미치는가?

보디발의 아내 앞에 놓인 문제는 간과될 수 없는 것이었다. 그녀는 성적인 문제를 해결할 수 없었다. 그런 식으로 사용되는 성욕은 그 자체로 지옥이 된다.

하지만 요셉은 그 유혹에 정면으로 도전했다. 그는 그것을 얕잡아 보지 않았고 "죄"라 불렀다. 그는 그녀의 남편에게 느끼고 있는 깊은 존경심에 대해 이야기했다. 하지만 그의 가장 큰 관심은 바로 하나님이었다. "내가 어찌 이 큰 악을 행하여 하나님께 죄를 지으리이까"(창 39:9). 요셉이 옳았다. 결혼 밖에서 이루어지는 모든 성관계는 하나님께서 혐오하시는 죄다. 부도덕은 탐욕으로 가득한 사람들을 파멸시키는 치명적인 무기 중 하나다. 하나님과 늘 동행한 요셉은 이러한 사실을 잘 알고 있었다. 또한 그는 그러한 죄가 창조주이신 하나님을 슬프게 한다는 사실도 알고 있었다.

"여인과 간음하는 자는 무지한 자라 이것을 행하는 자는 자기의 영혼을 망하게 하며 상함과 능욕을 받고 부끄러움을 씻을 수 없게 되나니"(잠 6:32-33). 솔로몬이 이 말씀을 기록하기 전이었지만 요셉은 보디발의 아내를 두고 이러한 상황과 원칙을 적용했다.

보디발의 아내는 이스라엘의 하나님이 죄를 간과하지 않으신다는 사실을 알지 못했다. 그녀는 하나님께서 인류에게 주신 중요한 법을 어겼다(롬 2:14-15). 요셉이 그녀의 유혹을 뿌리친 후 그녀가 했던 거짓말이 그것을 증명한다. 그녀는 요셉이 자신을 범하려 했다고 소리를 지르며 그를 매우 부도덕한 사람으로 몰아세웠다. 황급히 그 자리를 떠났던 요셉의 행동이 그의 결백을 증명했지만, 보디발의 아내에게는 오히려 그녀의 마음을 더욱 노엽게 하는 빌미가 됐다. 요셉이 모시던 주인의 아내였던 그녀는 아무런 양심의 가책도 없이 요셉의 삶을 파멸시키기로 결심했다.

디모데후서 2장 22절과 고린도전서 6장 18절을 읽으라.
이 구절이 죄를 피하는 것에 대해 무엇을 가르쳐주는가?

이 일로 요셉은 수년간 감옥에서 지내게 된다. 그는 분명 억울했을 것이다. 제대로 조사도 이루어지지 않는 것을 보며 좌절했을 것이다.

보디발이 설령 자기 아내의 말을 믿지 않았다 해도 얼마든지 요셉을 죽일 수 있었다.

요셉은 아무 항변도 하지 않았다. 비록 감옥이었지만 하나님께서 그와 함께 계셨다. 그곳에서 새로운 계기를 맞은 요셉은 훗날 하나님의 은혜로 이집트의 총리가 되었다. 또한 극심한 흉년의 시기에 자기를 배신한 형들을 만나 그들을 구원했다. 요셉은 패배자가 아니다. 패배자는 보디발의 아내다.

성경에는 그녀의 이야기가 더 이상 언급되지 않는다. 그래서 그녀의 죄가 어떤 결과를 가져왔는지, 그녀가 회개의 눈물을 보였는지, 자신의 죄에 대해 용서를 구했는지도 알 수 없다. 아마도 그녀는 요셉을 통해 그녀에게 다가가시고, 그녀의 삶에 기쁨과 만족을 주기 원하셨던 하나님을 알지 못했던 것 같다.

그녀가 만약 자신의 죄를 깨달았다면 성적인 욕망 이상의 기쁨과 승리를 발견할 수 있었을 것이다. 요셉이 그녀를 거절한 직후에도 자신의 몸과 마음을 제자리로 돌려놓을 수 있었을 것이다. 요셉에게 하나님이 어떤 분이신지 묻고, 그분께 자신의 삶을 맡길 수도 있었을 것이다.

게으름은 그녀의 죄된 생각을 배양하는 토양이 되었다. 그녀는 악한 생각에 압도되었고, 그것을 행동에 옮기려는 욕정에 사로잡혔다. 행동은 생각의 열매이기에, 그녀의 생각은 곧 타락의 근원이 되었다. 인간은 자기가 생각하는 대로 된다. 보디발의 아내의 유혹은 이상한 일이 아니다. 오늘날에도 사탄은 삼킬 자를 찾으며 우는 사자처럼 계속 돌아다닌다. 때문에 수많은 사람이 같은 유혹을 받고 있다(벧전 5:8). 사탄의 특성은 결코 변하지 않을 것이다.

야고보서 1장 13-15절을 공부하라.
어떤 욕망이 당신을 죄로 이끌어갈 위험이 있는가?

보디발의 아내는 자신의 유혹이 죄로 자라도록 허용했다. 왜냐하면 그녀는 자기의 욕망을 억제하지 않고, 오히려 욕망으로 하여금 그녀를 실제적인 죄로 끌어들여서 그 속에 빠지게 했기 때문이다(약 1:14-15). 쉽게 말해 그녀에게는 자기 자신을 바로잡고 싶은 마음이 없었다.

결국 그녀는 자기의 생을 긍정적으로 사용할 수 있는 시간과 이성과 잠재력이 있었지만 실패하고 말았다. 때문에 그녀에 대해서는 그 어떤 좋은 말도 할 수가 없다. 그녀가 조금의 긍정적인 인상도 남기지 않고 살았다는 것은 정말 비극이다.

**HER NAME
IS WOMAN:
LEADERS
AND
WANDERERS**

05

들릴라

영적 지도자를 파멸시킨 여인
(삿 16:4-30)

> 마음은 올무와 그물 같고 손은 포승 같은 여인은
> 사망보다 더 쓰다는 사실을 내가 알아내었도다
> 그러므로 하나님을 기쁘게 하는 자는
> 그 여인을 피하려니와 죄인은 그 여인에게 붙잡히리로다
> _ 전도서 7장 26절

들릴라는 우상을 섬기는 문화권에 속해 있던 블레셋 여인이었다. 또한 그녀는 도덕을 귀하게 여기지 않던 여자였다. 그녀는 자기 몸을 별로 소중하게 생각지 않았고, 자신의 명예도 창녀처럼 아무렇게나 던져버렸다.

성경은 그러한 사실에 대해 라합만큼 분명하게 언급하지 않지만(수 2:1), 내용으로 보아 충분히 그러한 결론을 내릴 수 있다.

들릴라는 영적 지도자를 파멸시킨 여인으로 기억되고 있다. 무엇 때문에 그녀는 자기 생에 들어온 남자 삼손에게 그처럼 돌이킬 수 없는 해를 입혔을까?

삼손은 하나님의 종인 특별한 남자였다. 그는 태어나기 전부터 하나님께 바쳐진 나실인이었다(삿 13:2-5, 24-25). 그의 긴 머리는 그러한

헌신을 나타냈고, 20년 동안 그는 이스라엘 백성을 다스리고 재판했다(삿 16:31).

'작은 태양'이라는 의미의 삼손이라는 이름은 그가 태어났을 때 그의 부모가 얼마나 행복했는지를 보여준다. 수세기 후에 일어난 예수님의 탄생처럼(눅 1:26-38), 그의 출생은 천사에 의해 공표되었다.

본래 그의 어머니는 자녀를 갖지 못하던 여자였으므로 삼손의 탄생은 하나의 이적이었다. 삼손은 장성하여 하나님의 축복 아래 있는 지도자, 즉 유다의 가장 강한 남자가 되었고, 비범한 육체적 힘을 가지고 있었다(삿 14:5-6, 15:13-16). 그런 이유로 그는 적보다 훨씬 앞서 있었고 적들은 그를 정복할 수 없는 자로 여기게 되었다. 때문에 하나님께서는 삼손이 이스라엘을 블레셋의 손에서 구할 것이라고 말씀하셨다.

그러나 삼손은 육체적 힘이 강한 반면 도덕적으로는 약했다. 무서운 사자는 맨손으로 쉽게 때려잡았지만 자기 안에 있는 욕정은 지배하지 못했다. 특히 삼손은 남자로서 매우 위험하게도 이성에 대한 행동에 절제가 부족했다. 그래서 때때로 그는 영적 지도자로서 치명적인 행동을 했다.

야고보서 3장 1절을 읽으라.
지도자들은 왜 이처럼 높은 기준을 유지해야 하는가?

들릴라 이전에도 많은 여인이 그의 삶에 좋지 않은 영향을 주었다.

그런데 이제는 들릴라의 손아귀에 잡혀 곤경에 처하게 되었다. 삼손은 그녀와 결혼하지 않았고 그녀를 자기 아내로 생각하지도 않았다. 그러면서도 그녀의 연인이 되어 함께 살았다.

큰 도시에서 한 명씩 나온 블레셋의 지도자들이 삼손과 들릴라의 관계에 대해 들었다. 그래서 그들은 삼손을 파멸시킬 음모를 꾸미고 그녀를 끌어들였다. 사실 그들이 삼손을 죽이려 한 것은 국가적인 요청이었다. 군대로 실패했으니 이제 속임수로 성공해야 하는 것이다.

지도자들은 들릴라에게 개인적으로 찾아와 이렇게 말했다. "삼손을 그토록 강하게 만드는 것이 무엇인지 알아내라. 그것을 알 때까지 그와 함께 이야기하라. 그러면 우리가 그를 이기고 정복하리라"(삿 16:5 참조).

들릴라가 돈을 사랑했기 때문에 그 제안을 받아들인 걸까? 사람들은 그녀에게 각각 은 1,100개를 약속했다. 은 한 개가 16그램이었던 것을 생각하면 약속된 은의 총액은 상상할 수 없이 큰 금액이었다.

돈을 사랑하는 것은 정말 위험하다. 모세는 뇌물을 받는 사람은 눈이 어두워진다고 말했고(출 23:8), 바울은 돈을 사랑하는 것이 "일만 악의 뿌리"라고 했다(딤전 6:10). 오직 소유할 목적으로 돈을 추구하는 사람들은 많은 슬픔을 당하게 된다.

―

당신은 돈을 어떻게 보는가?
돈에 대한 사랑이 당신의 삶에 어떤 식으로 스며드는가?

―

돈 때문이 아니라면 혹 이스라엘 사람들에 대한 적대감 때문에 들릴라가 그렇게 행동한 걸까?

하나님의 도우심으로 다른 나라 백성보다 더 강하다는 것이 증명된 한 국가의 지도자로서 삼손의 장래는 이제 그녀의 손아귀에 놓였다. 그녀와 그녀의 백성들은 '다곤'(Dagon)이라는 우상을 섬기고 있었으므로, 이스라엘의 하나님은 그녀의 하나님이 아니었다.

또한 블레셋 지도자들은 그녀의 자존심에도 호소했다. 여자의 위치가 남자보다 훨씬 뒤떨어졌던 시대에 자기 나라의 중요한 지도자들이 도움을 구하기 위해 그녀의 집 문을 두드렸던 것이다.

교만에 대해 말하는 성경구절을 살펴보라.
하나님의 말씀에 따르면 교만으로 인한 위험에는 어떤 것들이 있는가?

그들의 제안을 받아들인 후 들릴라는 삼손이 가진 힘의 비밀을 알아내려고 노력했다. 그녀는 여자로서 고안할 수 있는 모든 수단을 다 사용하여 삼손을 속였다. 첫 번째 방법은 아첨이었다. "당신을 잡아서 묶을 수 있는 사람이 있을까요?"(삿 16:6 참조)

들릴라로 인해 자기감정에 눈이 어두워진 삼손은 그녀에게 지혜롭지 못한 대답을 했다. 그는 자기가 빠진 위험을 과소평가한 것이 분명하다. 그가 만일 하나님과 가까이 있었다면 경고를 받고 즉시 그녀를 떠났을 것이다.

들릴라의 오만한 행동으로, 블레셋 백성의 지도자들은 옆방에서 그녀가 삼손과 벌이는 굴욕적인 게임을 듣고 있었다. 그들은 그녀가 마르지 않은 칡덩굴 7가닥으로 그를 단단히 묶는 것에 귀를 기울였다. 하지만 그녀가 "삼손이여, 블레셋 사람들이 당신에게 들이닥쳤느니라!"라고 소리치자 그는 그것을 삼실을 끊는 것처럼 다 끊어버렸다(삿 16:9). 그것을 본 지도자들은 그 계획이 실패했다는 것을 알고 그 자리에 가만히 있었다. 그러자 들릴라는 삼손의 정직함에 도전했다. "당신은 나를 희롱하시는군요." 그녀는 토라졌다. "내게 거짓말을 했어요"(삿 16:10). 삼손은 다시 한 번 그녀에게 귀를 기울이고 그녀와 위험한 게임을 했다. 하지만 그녀가 다시 새 줄로 그를 묶었을 때, 그는 근육을 사용해서 그것을 실처럼 끊어버렸다.

자기를 사랑하는 남자와 함께 사는 것조차 들릴라의 생각을 바꾸어놓지 못했다. 또한 그것은 그녀의 성격도 부드럽게 만들지 못했다. 반대로 그녀가 가진 모든 것, 즉 그녀의 유혹과 그녀의 두뇌는 의도적으로, 그리고 변함없이 삼손의 파멸을 향해 달음질했다.

그녀는 다시 한 번 삼손을 올무에 빠뜨리려고 그의 머리카락을 베틀에 묶었다. 그러나 이번에도 아무런 소득이 없었다. 조급해진 블레셋 지도자들은 각각 자기 도시로 돌아갔지만, 들릴라에게는 한 번 더 공격할 인내심이 남아 있었다.

이제 그녀는 사랑의 감정에 상처받은 여인의 행세를 했다. "나를 사랑한다고 했잖아요!" 그녀는 흐느꼈다. "그렇지만 당신은 나를 신뢰하지 않아요. 당신은 세 번씩이나 나를 속였고, 무엇이 당신을 강하게 하는지 말해주지 않았어요"(삿 16:15 참조).

그녀는 사랑이 의심될 때 보일 만한 연인의 열정적인 반응을 새로운 공격의 기반으로 취했다. 여자로서 그녀는 남자들이 이겨내기 힘든 무기를 가지고 있었다. 그녀는 그것을 휘둘렀다. 매일 토라져서 끊임없이 그를 졸라댔다.

―

거부당한 느낌이 들 때 당신은 상대방을 어떻게 대하는가?
어떻게 하는 것이 바람직한가?
로마서 12장 20절과 마태복음 5장 44절을 생각해보라.

―

그녀는 이 마지막 무기를 어떻게 해야 자신 있게 성공적으로 사용하는지 알고 있었다. 점차적으로 그녀는 삼손의 저항을 깨뜨렸다. 그는 그녀의 품 안에서 밀초와 같이 되었다. 결국 완전히 꺾인 그는 더 이상 견디지 못하고 오직 한 가지만 생각하게 되었다. '토라진 네 마음을 풀어주고 싶어. 나는 화평을 원해'(삿 16:16 참조).

그리고 마침내 그녀에게 모든 사실을 말해버렸다. "내 힘은 나의 긴 머리카락과 관련되어 있어. 지금까지 나는 한 번도 머리카락을 자른 적이 없는데, 그건 낳기 전부터 내가 하나님께 바쳐졌기 때문이야. 내 힘은 하나님에 대한 나의 헌신에 달려 있고, 내 머리카락이 그것의 상징이야. 머리카락이 잘리면 나는 다른 사람과 다를 바 없게 되는 거야"(삿 16:17 참조).

이번에는 삼손이 아무것도 숨기지 않고 모든 사실을 말했다는 것을 알아챈 그녀는 가차 없이 블레셋 지도자들에게 전갈을 보냈다.

"한 번만 더 오시오. 이번에는 그가 모든 것을 내게 이야기했소"(삿 16:18 참조). 그녀는 자신이 애인을 배반하고 있다는 생각조차 할 겨를이 없었다.

―

누구를 배신해본 적이 있는가? 왜 그렇게 했는가?
혹은 믿었던 사람에게 배신당한 적이 있는가?
그 경험을 통해 하나님은 당신의 인격을 어떻게 다듬으셨는가?

―

사람들은 즉시 돈을 가지고 그녀에게 왔다. 그리고 다시 한 번 숨었다. 들릴라는 삼손이 자기에게 말한 대로 그가 자기 무릎에서 자고 있는 동안 사람을 시켜 그의 머리털 일곱 가닥을 밀게 했다. 삼손의 머리를 깎는 동안 들릴라는 자기가 이겼다고 느꼈다. 그의 머리털이 방에 떨어지자 정말로 삼손의 힘이 없어졌다.

들릴라가 "삼손이여, 블레셋 사람이 당신에게 들이닥쳤느니라"(삿 16:20)라고 외칠 때까지도 삼손은 자신의 패배를 깨닫지 못했다. 그러나 곧 그의 노력은 허사가 되었다. 머리카락이 깎인 순간 주께서 그를 떠나셨다(삿 16:20). 그는 자신의 어마어마한 힘과 하나님의 임재하심을 어이없는 실수로 잃어버리고 말았다.

그 결과는 무참했다. 블레셋 사람들은 삼손을 사로잡았고, 그를 죽이지는 않았지만 그의 두 눈을 뽑아버렸다. 그때부터 그는 불구로 일생을 보냈다. 텅 빈 눈으로 그는 어두움밖에 볼 수 없었다.

블레셋의 지도자들은 그들의 승리와 삼손의 수치를 기념하며 그를 가사(Gaza)로 보냈다. 그를 맹인으로 만들고 투옥시킨 모욕도 부족하다는 듯, 그에게 노예처럼 맷돌 돌리는 일을 시켰다. 하나님의 종이며 이스라엘의 지도자인 삼손은 더럽혀졌다. 이 거인에게 이보다 더한 타락은 상상할 수 없었다.

안타깝게도 그의 고통은 이스라엘 백성의 고통이 되었다. 삼손의 시대가 끝나자 그들은 패배와 무질서와 영적 타락의 시기로 들어갔다. 그의 더럽혀짐은 곧 백성들의 더럽혀짐이 되었다.

삼손은 그의 하나님과 그의 이상과 그의 백성들을 부인했다. 그는 자기 자신과 백성들에게 배신자가 되었다. 자신의 행동 결과에 대해 스스로 책임을 물을 수밖에 없었다. 하지만 그것이 들릴라의 죄를 가볍게 만들지는 않는다. 들릴라는 다른 모든 사람처럼 하나님 앞에서 자기 행동에 대해 책임져야 한다. 즉 삼손과 다른 사람들에게 내린 재난에 상응한 책임을 져야 한다.

당신의 삶에 고백하지 않은 죄가 있는가?
있다면 하나님 앞에 그것을 내어놓으라.

들릴라를 변호할 수 있는 유일한 사실은 그녀가 하나님을 알지 못했다는 것이다. 그녀는 하나님의 율법을 알지 못했다. 그렇지만 아무리 이방 여인일지라도 변명의 여지는 없다.

2세기 후에 솔로몬은 들릴라와 삼손의 관계를 이렇게 설명했다. "마음이 올무와 그물 같고 손은 포승 같은 여인은 사망보다 쓰다는 사실을 내가 알아내었도다 그러므로 하나님을 기쁘게 하는 자는 그 여인을 피하려니와 죄인은 그 여인에게 붙잡히리로다"(전 7:26).

들릴라는 솔로몬의 잠언에서 경고하고 있는 나쁜 여인을 방불케 한다. "대저 음녀의 입술은 꿀을 떨어뜨리며 그의 입은 기름보다 미 끄러우나 나중은 쑥같이 쓰고 두 날 가진 칼같이 날카로우며 그의 발 은 사지로 내려가며 그의 걸음은 스올로 나아가나니"(잠 5:3-5). 들릴 라의 발은 문자 그대로 사망으로 나아갔다. 삼손과 다른 수천 명을 기다리고 있는 사망이 서서히 드러나기 시작했다.

도시의 지도자들은 기쁨으로 들떠 있었다. 그들은 삼손을 사로잡 은 것을 축하하기 위해 큰 잔치를 열었고, 삼손을 그들의 신 다곤에 게 드리려 했다. 잔치가 시작되자 사람들은 흥분하여 삼손을 불러냈 다. 그들은 삼손을 조롱하고 멸시하기 원했다. 다곤을 이스라엘의 하 나님보다 높이려 했다.

드디어 삼손이 도착했다. 그 순간 아무도 그의 머리카락이 자랐다 는 것을 눈여겨보지 못했을까? 자신들보다 월등하게 우세했던 사람 을 주의 깊게 관찰한 사람이 하나도 없었단 말인가?

잔치가 벌어지고 있는 커다란 건물에는 수많은 사람과 블레셋 지 도자들로 가득 차 있었다. 어쩌면 들릴라도 거기 있었을 것이다. 그 처럼 굉장한 잔치에 어떻게 여주인공이 빠질 수 있겠는가! 지붕이 편 편한 그 건물 안에는 약 삼천 명이 모여 있었다. 그 무리 가운데 이스 라엘의 하나님과 삼손을 기억하고 있는 사람이 아무도 없었을까? 하 나님과 하나님의 종과 하나님의 백성들이 받은 모욕을 하나님께서

갚으시리라는 것을 두려워하는 사람이 하나도 없었을까?

블레셋 사람들이 삼손을 끌어내어 지붕을 받치고 있는 두 기둥 사이에 세워 그를 조롱하려 할 때, 삼손은 자기가 일찍이 부름받은 자임을 기억했다. 자신은 원수로부터 백성들을 구원하도록 하나님께 지명된 자가 아니었던가! 그는 기도했다. "주 여호와여, 구하옵나니 나를 생각하옵소서. 하나님이여, 구하옵나니 이번만 나를 강하게 하사 나의 두 눈을 뺀 블레셋 사람에게 원수를 단번에 갚게 하옵소서"(삿 16:28). 그는 온 힘을 다해 두 기둥을 밀었고, 그와 동시에 기둥이 무너져버렸다. 결국 그 기둥이 지탱하고 있던 모든 건물이 무너져내려, 삼손과 수천 명의 블레셋 사람이 죽음을 당했다.

분명 들릴라가 기대했거나 바랐던 것보다 훨씬 더 큰 재난이었을 것이다. 어쩌면 그 일로 자기 생명을 잃어버렸는지도 모른다. 부도덕으로 시작한 일이 많은 사람의 죽음으로 끝났다. 그녀의 행동은 시작보다 결과가 훨씬 더 나빴다.

"음녀는 깊은 구덩이요"(잠 23:27). 솔로몬은 이렇게 적었다. "누구든지 그에게로 가는 자는 돌아오지 못하며 또 생명길을 얻지 못하느니라"(잠 2:19). 창녀와의 교제는 가슴에 불을 품고 있는 것과 같다(잠 6:27). 누가 타지 않을 수 있겠는가!

『여성의 독특한 세계』(The Unique World of Women)의 저자인 유지니아 프라이스(Eugenia Price)는 오늘날의 그리스도인 여성들을 패역하고 악독한 들릴라와 거리가 먼 것처럼 생각한다고 이야기한다. 그녀는 그들이 들릴라와는 아무 공통점이 없다고 확신한다. 하지만 여성들에게 심각한 잘못을 저지르지 말라고 다음과 같이 경고한다. "우리는 창녀도 아니고 들릴라처럼 공공연하게 적과 내통하며 속임수를 쓰지 않을 것이다. 그러나 많은 여성이 남을 잘 속인다. … 사실 나는 우리 모두가 속임수를 쓴다고 생각한다."

당신의 삶에 어떤 거짓(기만)이 스며들었는가?
그런 거짓과 맞서 싸울 성경말씀을 찾아보라.

삼손과 들릴라가 죽은 지 수세기가 지난 후, 바울은 고린도 교인들에게 들릴라의 생애에 관한 또 하나의 경고를 주었다. "이러한 일은 우리의 본보기가 되어 우리로 하여금 그들이 악을 즐겨한 것같이 즐겨하는 자가 되지 않게 하려 함이니"(고전 10:6).

이러한 경고를 무시하지 않는 것이 현명하다.

**HER NAME
IS WOMAN:
LEADERS
AND
WANDERERS**

06

브닌나

질투심에 사로잡혔던 여인
(삼상 1:1-8; 잠 6:24, 14:30, 27:4)

> 대부분의 보건 전문가들은 병의 깊은 요인이
> 생에 대한 감정적인 반응에 있다고 결론 내린다.
> 오래 지속되는 깊은 증오심은 두뇌에 해를 입힐 수 있으며, 심장병과 고혈압과
> 급성 위장병을 일으킬 수 있다.
> 그리고 그 모든 것이 사람을 죽일 수 있을 만큼 중한 병이다.
> _ 로버트 포스터(Robert D. Foster)

브닌나는 쇠퇴해가는 시대에 살고 있었다. 이스라엘은 역사적으로 가장 어두운 시점에 도달해 있었다. 능력 있게 다스렸던 모세와 여호수아의 뒤를 이어 사사들의 시대가 되었던 것이다.

하나님은 친히 이스라엘을 다스리기 원하셨다. 그러나 백성들은 하나님께 별로 관심이 없었고, 점점 더 우상을 섬기는 쪽으로 기울어졌다. 그렇게 신정 정치는 실패했다.

그와 같은 쇠퇴기의 결과로 무정부 상태가 도래하게 되었다. 더 이상 통치권과 율법이 지켜지지 않았다. 모든 사람이 각각 자기 주관대로 행했다(삿 21:25).

영적인 상태도 정치적인 현상이나 사회적인 현상보다 더 낫지 못

했다. 하나님의 진노가 대제사장 엘리의 머리 위에 쌓여갔다. 그가 자신의 아들 홉니와 비느하스의 못된 행동을 방치해 두었기 때문이었다.

엘리는 자기 아들들이 하나님께 바쳐진 제물 중 가장 좋은 것을 먹는 것을 보았다. 그들이 성적인 비행으로 성전을 더럽혔다는 것도 알고 있었다.

그렇지만 그는 아들들을 꾸짖지 않았다(삼상 2:12-33).

사람들은 그리스도인들이 교회 밖 사람들을 지나치게 판단하면서
교회 안 사람들은 별로 판단하지 않는다고 말한다.
당신은 이것이 다른 그리스도인들의 책임이라고 생각하는가?
어떻게 하는 것이 바람직한가?

(마 18:15-20; 딛 3:9-11 참조)

하나님의 심판이 임박해 있었다. 엘리의 집은 영향력을 잃어버렸고, 나라는 대적인 블레셋에게 포위되기 직전이었다. 그러나 이보다 더 무서운 일은 하나님께서 거의 말씀을 하지 않으셨다는 것이다. 즉 그 시대에는 하나님과 하나님의 백성들 사이에 소통이 거의 없었다(삼상 3:1).

그러한 시기에 브닌나가 살고 있었다. 그녀의 남편 엘가나에게는 두 아내가 있었다. 하나님은 남자가 한 아내를 취하고, 여자는 한 남편을 취하기 원하셨다(창 2:18; 마 19:4-6; 고전 7:2).

그러나 사람들이 하나님께서 원하시는 생활방식으로부터 멀어져 있었으므로, 주로 장자를 보호하시기 위해 그러한 예외를 허용하셨다(신 21:15-17).

엘가나가 경험했던 것처럼, 하나님의 계획에서 빗나간 사람은 자기 자신과 다른 사람들에게 어려움을 가져온다.

그의 가정 분위기는 견딜 수 없을 정도였다. 브닌나에게는 자녀가 있고 또 다른 아내 한나에게는 자녀가 없다는 사실이 그 갈등에 부채질을 했다. 그러나 적어도 종교적인 관례만큼은 엘가나의 가정에서 올바른 위치를 차지하고 있었다. 모든 가족이 제물의 분깃을 드렸다.

하지만 브닌나는 하나님을 실재적인 분으로 알지 못했다. 그녀는 만족하지 않았고, 자녀와 자기가 소유하고 있는 모든 것을 주신 하나님께 감사드리지 않았다.

감사가 없는 그녀의 삶은 삭막했다. 하나님께서 다른 분깃을 원하신다는 생각이 그녀에게는 전혀 떠오르지 않았다. 이를테면 다른 사람을 사랑하는 것 같은 일은 생각할 수 없었다. 그녀에게는 많은 자녀가 있었기 때문에 유대 여자들이 바랄 수 있는 모든 것을 가질 수 있었다. 그것은 일반적으로 하나님께서 호의를 베푸신다는 증거였다. 그녀는 죽은 뒤에도 오랫동안 자기 자녀들의 삶을 통해 계속 기억되었을 것이다.

오늘 당신이 감사할 것을 구체적으로 말해보라.

한편 엘가나의 다른 아내인 한나는 자녀가 없는 것 때문에 마음에 무거운 부담을 가지고 있었다.

한나는 당시의 시대적 풍조에 영향을 받지 않았다. 하나님께서 그녀의 사고의 중심이었기에 믿음대로 그녀의 행동이 결정되었다. 그녀는 사람들의 마음을 끌었고 온순했다. 엘가나는 두 여인의 차이점을 분명하게 알았다. 결국 한나를 브닌나보다 더 좋아하지 않을 수 없었다.

그러나 브닌나는 한나의 선행에서 영감을 받지 못했다. 오히려 그녀의 반응은 정반대였다.

그녀는 많은 자녀를 낳았기 때문에 자신이 한나보다 높다고 생각했다. 자신에게 자녀를 주신 분이 하나님이라는 사실은 그녀의 마음 속에 들어오지 않았다.

하나님께서 당신에게 어떤 복을 주셨는가?
이에 대해 하나님께 어떻게 영광을 돌릴 수 있는가?

브닌나는 한나를 시기했다. 특히 유대인의 명절이 되면 한나를 격동시키며 괴롭게 했다. 그날들은 한나에게 특별한 고통을 가져다주었다. 명절이 되면 민족 전체가 가족 단위로 실로에 계신 하나님께 나아가기 때문이었다.

그래서 이 시기가 되면 브닌나는 한나에게 더욱 심하게 굴며 그녀의 무자함을 조롱했다.

누군가를 시기해본 적이 있는가?
그 결과 어떤 행동이 뒤따랐는가?

브닌나는 한나의 마음속에 괴로움이 사무치게 했다(히 12:15). 자신의 마음을 지키지 않았기에(잠 4:23), 그녀의 삶은 시기심으로 더럽혀졌다. 그 시기심은 적대감과 이기심과 겸손의 부족에서 비롯되었다.

시기심은 다른 사람의 유익이 아닌 자신의 유익만을 추구한다. 성경은 그것을 강력하게 금하고 있다(빌 2:3-4). 시기심은 하나님께서 인간에게 허용하신 사소한 약점이 아니다. 하나님께서는 그것을 사회에서 훨씬 더 크다고 보는 죄, 즉 살인, 우상 숭배, 술수 등과 같은 대열에 놓으신다(갈 5:19-21).

갈라디아서 5장 19-21절은
시기를 비롯한 다른 죄를 어떻게 설명하고 있는가?
이 죄들을 시기와 비교할 때 어떤 생각이 드는가?

솔로몬은 '질투는 인간의 분노'라고 기록했다(잠 6:34 참조). 그것은 불과 같다. 얼른 끄지 않으면 재앙을 막을 수 없게 된다. 그러지 않으면 몸의 다른 부분에까지 영향을 미치기 때문이다. 그것은 특별히 혀에 해당된다(롬 3:14).

브닌나는 사람이 시기심을 표현하기 위해 어떻게 그 혀를 사용할 수 있는지를 보여준 본보기다. 몸의 가장 작은 지체 중 하나인 혀는 전 생애를 파멸시키는, 타오르는 불길이 될 수 있다. 때문에 성경은 혀를 잘못 사용하는 사람은 '지옥 불에 타게 될 것'이라고 기록한다(약 3:6 참조).

질투는 사탄에게서 나오는 것이므로 결국 사람을 삼켜버린다. 사실상 그것은 사탄 자신까지도 파멸시켰다.

사탄은 하나님을 시기했다. 그는 교만으로 하나님처럼 되기 원했으며, 그것이 바로 그를 타락시킨 원인이 되었다(사 14:13-15). 그래서 사탄은 인간이 자기가 마련한 함정에 빠질 때마다 기뻐한다.

사람들은 천성적으로 질투심이 있기 때문에 사탄이 크게 성공할 때가 많다. 사람이 하나님과 대화하고 하나님을 영화롭게 하는 데 사용해야 하는 혀가 사탄의 꼬임으로 사용된다는 것은 참으로 역설적이다.

당신이 하나님의 영광을 위해 혀를 사용하는 방법은 무엇인가?

질투는 마음속에서 시작된다. 만약 질투를 억제하지 못하고 하나님과 대적한다면(고후 10:5) 결국 당신의 사고방식이 파괴되고 대인 관계도 망가질 것이다. 그것은 미묘하게도 질투를 받는 대상보다 질투를 품고 있는 사람에게 훨씬 더 위험하기 때문이다. 그것은 마치 던지면 날아갔다가 되돌아오는 부메랑처럼 질투하는 사람에게로 돌아온다.

브닌나가 그것을 경험했다. 그녀는 해결책을 손에 쥐고 있으면서도 자기 문제를 해결하지 못했다. 그녀에게 필요했던 것은 한나가 보여준 믿음의 본을 따르는 것뿐이었다.

**HER NAME
IS WOMAN:
LEADERS
AND
WANDERERS**

07

욥의 아내

하나님께 부정적인 말을 한 여인
(욥 1:1-3, 6-12, 2:1-10, 42:10-13; 롬 8:28)

> 인간의 주요한 죄는 단지 그가 범한 죄에 국한되지 않는다.
> 유혹은 강력하고, 인간의 힘은 약하다.
> 인간의 주요한 죄는 그가 하나님께로 돌아설 수 있는데도 그것을 소홀히 하는 것이다.
> — 라비 뵈남(Rabbi Boenam)과 마틴 부버(Martin Buber)

욥의 아내는 하나님께서 아브라함을 부르셨던 갈대아 우르에서 멀리 떨어지지 않은 아라비아의 우스 땅에 살고 있었다.

욥의 아내만큼 큰 특권을 누렸던 여인도 드물다. 그녀의 남편은 매우 큰 부자였고, 그들의 훌륭한 저택에는 종도 많이 있었다. 뿐만 아니라 그녀에게는 일곱 아들과 세 딸이 있었다. 그들 모두가 부유했고 서로 즐거운 모임을 자주 가졌다. 서로 간의 유대를 돈독히 하기 위해 정규적인 가족 파티를 열기도 했다. 그러나 그녀가 받은 가장 큰 축복은 바로 남편 욥이었다.

욥은 하나님을 사랑한 사람이었다.

그가 하나님에 대해 아는 모든 것은 다른 사람들을 통해 들은 것이지만, 그것은 욥이 하나님을 헌신적으로 섬기게 하는 데 충분했다.

욥의 깊이 있는 영적 생활은 가정의 따뜻한 분위기를 조성해주었다. 그의 생활은 하나님 중심의 경건함이 매우 깊이 스며 있었기 때문에, 주위 사람들도 그것을 알고 있었다.

사람들은 욥이 경건한 사람이며, 그 이유는 그가 부유하기 때문이라고 말했다. 욥의 아내의 삶은 그녀의 남편과 가정의 경건함과 번영에 기초하고 있었다.

―

*하나님에 대한 어떤 지식이 당신으로 하여금
하나님을 더 경외하게 만드는가?*

―

이것이 지상의 상황이다. 그 순간 하늘에서는 이상한 일이 일어나고 있었다.

욥이 하나님과 사탄의 대화의 주제로 등장했다. 하나님은 이 땅에서 욥이 자발적으로 하나님을 사랑하는 것을 보시고 기뻐하셨다. 하나님은 인간으로서 자신이 창조된 목적을 충족시키고 하나님과 즐겁게 교제하는 욥과 같은 사람을 찾고 계셨다.

―

*요한복음 14장 23절과 고린도후서 6장 16절을 읽으라.
교제를 원하시는 하나님의 마음에 관하여 무엇을 알 수 있는가?
하나님에 대한 당신의 생각이 어떻게 바뀌어야 하는가?*

―

믿는 자를 참소하는(계 12:9-10) 사탄은 욥에 대한 하나님의 평가에 동의하지 않았다. 그는 이 땅에서 사람들이 욥에 대해 하는 말로 반박했다. 그는 욥이 경건한 이유가 부유하기 때문이라고 했다. 따라서 만약 그에게서 부유함을 빼앗는다면 하나님으로부터 돌아설 것이라고 말했다.

"좋다." 하나님께서 대답하셨다. "사탄아, 네가 참소하는 것을 한 번 시험해보자. 그에게서 소유물을 빼앗아라. 그러나 그를 해치지는 말아라"(욥 1:12 참조).

당신이 가장 소중하게 여기는 물건이나 관계를 잃게 된다면
어떻게 반응할 것 같은가?

사탄은 악마답게 그러한 일을 기뻐하며, 봄날의 벼락같이 욥에게 재난을 퍼부었다. 끔찍한 재난들이 욥에게 연달아 일어났다. 그의 거대한 가축떼가 도적을 맞거나 번갯불에 맞아 죽었다. 그런 식으로 욥은 모든 재산을 잃어버렸다. 가장 큰 재앙은 맨 마지막에 일어났다. 그것은 바로 사탄이 마지막까지 보류해두었던, 모든 자녀의 죽음이었다.

욥이 수년 동안 이룩해 놓은 모든 것이 단번에 사라져버렸다. 동방 전역에서 가장 부유하던 사람이 갑자기 빈털터리가 되었고, 자녀도 하나 없는 불쌍한 자가 되었다. 그에게 남은 것이라고는 거처하던 집과 하인 네 명과 아내뿐이었다.

사탄은 계획한 일을 모두 끝냈지만, 아직 목적을 달성하지는 못했다. 당시의 관습대로 욥은 비통해하며 자기 옷을 찢었다. 그러나 하나님에 대한 그의 믿음은 흔들리지 않았다. 오히려 "내가 모태에서 알몸으로 나왔사온즉 또한 알몸이 그리로 돌아가올지라. 주신 이도 여호와시요 거두신 이도 여호와시오니 여호와의 이름이 찬송을 받으실지니이다"(욥 1:21)라고 말했다.

사탄과 하나님은 다시 욥에 대해 이야기했다. 하나님은 욥의 계속적인 충성을 강조하셨다. 그러나 사탄은 욥의 몸에는 해를 입히지 않았다는 말로 대꾸했다. 다만 그의 소유물과 외적인 것만 영향을 받았다며 다음과 같이 요청했다.

"이제 주의 손을 펴서 그의 뼈와 살을 치소서. 그리하시면 틀림없이 주를 향하여 욕하지 않겠나이까"(욥 2:5).

당신에게 가장 어려운 시련은 어떤 것인가?
외적(물질, 관계 등) 손실인가, 내적(신체적) 손해인가?
왜 그렇게 생각하는가?

그러자 하나님께서는 사탄에게 그렇게 하도록 허용하셨고, 다만 그의 목숨만은 취하지 말라는 제한을 두셨다. 사탄은 욥이 인간이 생각지도 못할 끔찍한 병에 걸리도록 했다. 욥은 정수리에서 발끝까지 몹시 가려운 악창에 걸렸다.

의학에서도 그러한 고통은 상상할 수 없을 만큼 견디기 어려운 것이라고 인정한다. 그 끔찍한 병으로 인해 욥은 구덩이를 팠다. 그곳은 개들이 동물의 시체를 파헤치고, 가장 비천한 인간이 다른 사람들이 던져버린 것을 찾는 곳이었다. 거기 앉아서 그는 기와 조각으로 상처를 긁으며 지냈다. 그러나 무엇보다 견디기 어려운 것은 그의 아내가 돌아선 것이었다. 하나님께서 좋은 때나 궂은 때나 그를 지지하도록 하신 여인, 그 어느 때보다도 지금 그에게 가장 필요한 여인이 더 이상 그를 지지해주지 않았던 것이다.

그녀를 통해 사탄은 그의 마지막 카드를 던졌다. "당신이 그래도 자기의 온전함을 굳게 지키느냐?" 그녀는 비통하게 말했다. "하나님을 욕하고 죽으라!"(욥 2:9)

누군가 고난을 당할 때,
당신은 그에게 어떤 관점을 전달하는가?
그리고 당신이 고통당할 때 어떤 관점을 갖는가?

그녀는 너무나 큰 슬픔에 사로잡혀 있었고, 빠져나갈 길을 하나밖에 보지 못했다. 그것은 바로 하나님에 대한 믿음을 버리고 자살하는 것, 남편과 정반대의 반응이었다.

하지만 욥의 믿음은 그러한 위기마저 견뎠다. 그 모든 상황의 진실은 숨겨져 있었지만, 그는 하나님을 의심하지 않았다. 하나님은 여전히 그에게 살아계신 분이었다. 그러므로 좋은 것도 나쁜 것도 모두 받아들일 수 있었다. 그의 삶은 반석 위에 지어져 있어서 폭풍이 끊임없이 휘몰아쳐도 무너지지 않았다. 그 기초는 영원한 것이었다.

나무뿌리가 폭풍우로 그 힘을 시험받는 것처럼, 슬픔과 설명할 수 없는 경험의 폭풍우가 삶의 기초를 드러낸다.

욥은 든든한 기초를 가지고 있었다. 하지만 그의 아내는 그러지 못했다. 그녀의 슬픔이 극도에 이른 것은 당연하다. 그러한 손실을 인정한다는 것은 어려운 일이다.

하지만 그녀가 만일 자기 남편처럼 단단한 기초 위에 자기의 삶을 세웠다면 견딜 수 있었을 것이다. 그런 상황에서 두 사람의 반응이 달랐던 것은 그들이 슬픔을 경험하는 방법이 달랐기 때문이 아니라 그들 삶의 기초 때문이었다(마 7:24-27).

결국 그녀는 자기 남편이 인생에서 가장 어려운 시기를 맞았을 때 그를 지지해줄 수 없었다.

비록 아무 도움이 되지는 못했지만, 적어도 욥의 친구들은 그를 찾아와주었다. 성경에는 그의 아내가 그의 고통을 달래주려 했다는 기록이 전혀 없다. 욥이 고난을 당하는 동안 그녀는 이야기 속에 한 번도 등장하지 않는다.

하나님께서는 여성들에게 다른 사람을 동정해주고, 격려해줄 수 있는 독특한 재능을 맡기셨다. 그러나 욥의 아내는 그것이 가장 필요할 때 그것을 사용하지 않았다.

갑자기, 그리고 급격하게 사태가 다시 변했다. 욥과 그의 아내는 다시 전처럼 열 자녀, 즉 일곱 명의 아들과 세 명의 딸을 두게 되었다. 그의 가축떼도 회복되었다. 결과적으로 재앙이 닥치기 전보다 더 많은 가축을 갖게 되었다.

그러나 욥의 고난은 표면적인 것보다 훨씬 더 중요한 열매를 맺었다. 하나님과 그와의 관계가 더 깊어졌던 것이다. 욥이 하나님께 말했다. "내가 주께 대하여 귀로 듣기만 하였사오나 이제는 눈으로 주를 뵈옵나이다"(욥 42:5).

그는 이제 더 이상 다른 사람들의 경험에 의존할 필요가 없었다. 개인적으로 하나님을 만났기 때문이었다. 그것은 그를 회개시키고 겸손하게 만들었다(욥 42:6). 그 두 가지 특징은 하나님과의 만남에서 오는 필연적인 결과다.

당신과 하나님의 관계는 다른 사람이 말해준 내용에 근거하는가, 아니면 당신이 하나님께 직접 배운 것에 근거하는가?

욥은 자신과 하나님에 대한 통찰을 받았다. 그는 하나님과 인간 사이에 중보자가 필요하다는 것을 깨달았다(욥 9:32-35, 16:19). 이와 같이 고난은 그에게 긍정적인 역할을 했다.

고난은 욥이 전에는 결코 알지 못했던 것을 드러내주었다. 그는 야곱처럼 하나님과 겨루어 이겼다(창 32:28). 그 결과는 더 부유하고, 더 행복한 삶이었다.

그렇다면 사탄은 어떻게 되었을까?

그는 다시 패자가 되었다. 그가 욥을 유혹한 결과는 그가 계획한 것과 정반대로 나타났다. 욥은 하나님께 전보다 더욱더 헌신적인 삶을 살았다.

성경은 욥의 아내에 대해 많은 것을 이야기하지 않는다. 다만 유혹의 절정에서 그녀가 잘못된 방향을 가리켰다고 말해준다. 그녀는 죄 있는 쪽을 하나님이라고 했다. 믿지 않는 많은 사람들처럼 그녀는 사탄에 의해 눈이 멀었던 것이다(고후 4:4).

그녀는 비록 하나님께서 고난을 허용하시지만, 하나님의 목표는 인간이 고난을 받는 것이 아니라 그 고난을 통해 긍정적인 열매를 맺는 것이라는 사실을 이해하지 못했다(히 12:11). 그녀의 덧없는 행복은 변치 않는 행복이신 하나님을 발견할 수 있도록 일시적으로 그녀에게서 떠나갔다. 그 행복을 발견하는 길은 고난의 과정을 통과하는 것이었다.

구약시대를 살았던 그녀는 이중의 무거운 짐을 지고 있었다. 그녀에게는 기록된 하나님의 말씀이 없었으며, 자기를 도와줄 만한 그리스도인 친구들도 없었다. 하지만 그녀는 위기에서 패배할 필요가 없다는 산 증거를 가지고 있었다. 그녀의 남편 욥이 바로 그 증거였다. 신약성경은 고난 중에도 계속 하나님을 신뢰했던 욥을 칭찬한다(약 5:11). 사탄이 유혹의 불화살을 쏘았을 때 욥은 그것을 막기 위해 방패와 같은 믿음을 사용했다(엡 6:16).

역경 중에 있는 그리스도인들에게 성경이 어떻게 격려하는지 야고보서 5장 11절, 히브리서 12장 11절, 고린도전서 10장 13절을 비교하여 설명하라.

욥은 감당할 수 없을 만큼 강한 시험은 없으며, 하나님께서 모든 시험 중에 피할 길을 보여주신다는 것을 증명했다(고전 10:13). 또한 그는 자기의 삶을 하나님의 기초 위에 세웠다.

반면 그의 아내는 자기가 서야 할 든든한 땅을 발견하지 못했다. 슬픔은 욥을 하나님의 품으로 던졌다. 그러나 욥의 아내는 자기 삶에 닥쳐온 위기의 순간에 하나님께 부정적인 말을 했다.

**HER NAME
IS WOMAN:
LEADERS
AND
WANDERERS**

08

오르바

잘못된 결정 때문에 망각 속으로 사라져버린 여인
(룻 1:1-15)

> 우리의 생명은 수백만 년 동안 계속될 것이다.
> 그리고 지금의 우리 선택은
> 앞으로 우리가 어떤 삶을 살 것인지를 결정할 것이다.
> _ 빌리 그레이엄(Billy Graham)

오르바는 모진 삶을 살았다. 그녀는 젊은 나이에 이미 많은 사람이 일생 동안 경험할 고난을 대부분 경험했다.

남편 기룐의 죽음은 그녀에게 가장 큰 타격이었다.

그녀는 그의 훌륭한 아내였지만, 그들의 행복은 불과 수년 동안만 지속되었다. 그들에게 자녀가 없었으므로, 남편이 죽은 뒤에 그녀는 혼자가 되었다.

가족 중에서 오직 오르바만 고통을 경험한 것은 아니었다. 그녀의 시어머니 나오미도 미망인이었고, 그녀의 동서 룻도 그녀와 같은 경험을 했다.

죽음은 그들의 남편을 모두 빼앗아갔다. 그 결과 남편을 빼앗긴 이 세 여인 사이에 가까운 유대가 생겼다.

당신과 가장 가까운 사람을 떠올려보라.
어떤 경험을 공유하면서 그와 가까워졌는가?
그 관계를 통해 하나님이 당신에게 가르쳐주신 것은 무엇인가?

오르바와 룻은 시어머니의 사랑과 관대한 태도에 계속 감동을 받았다. 그들 중 가장 많은 것을 잃은 나오미는 자기 자신의 이익을 돌아보는 대신, 두 며느리의 안녕에 자신을 전적으로 내주었다. 그녀는 고부간에도 얼마든지 좋은 관계가 존재할 수 있다는 것을 증명했다.

그러나 오르바는 이후 나오미의 사랑 넘치는 돌봄과 룻의 우정과 이해를 그리워하게 될 것이다. 자기 민족과 신들에게로 돌아갈 것을 선택한 결과로, 이제 그녀에게는 자신의 슬픔을 가볍게 해주었던 축복들이 한갓 추억에 불과해질 것이다.

이스라엘 국경에서 멀지 않은 모압의 어느 황량한 시골길에 오르바가 서 있다. 뒤를 돌아보았을 때, 그녀는 나오미와 룻이 자기와 반대쪽으로 멀어져가는 것을 보았다. 그리고 얼마 후 지평선이 희미한 점으로 보였던 그들의 모습을 삼켜버리고 말았다. 그 두 사람은 오르바로부터 분리되어 영원히 가버렸다.

불과 얼마 전까지도 세 미망인은 이스라엘 국경 쪽으로 함께 걸어가고 있었다. 그런데 이제 오르바는 혼자서 자기 고향을 향해 발걸음을 옮겼다.

베들레헴으로 돌아가겠다는 나오미의 결정에 오르바는 놀라지 않앉다. '시어머니가 모압에서 행복하신 적이 있었던가?' 오르바는 생각했다. '외국 땅에 적응하긴 했지만 시어머니는 언제나 안정되지 않은 채 마음을 붙이지 못하시는 것 같아.'

오르바는 그것이 나오미와 하나님의 관계 때문이라는 것을 알고 있었다. 나오미는 히브리인이었고 이스라엘의 주변 민족들과 달리 우상을 숭배하지 않았다. 나오미는 하나님의 백성으로, 이스라엘 민족을 택하셨고(신 7:6) 그들이 살고 있는 땅을 주신(신 1:8), 참되신 하나님을 섬기고 있었다. 따라서 오르바에게는 나오미가 자기 나라, 즉 자신의 하나님이 예배를 받으시는 땅에서만 행복하리라는 것이 분명하게 느껴졌다.

룻과 오르바 둘 다 모압을 떠나겠다는 나오미의 결정에 동참했고 주저 없이 그녀와 함께 떠났다. 이미 말론과 기룐에 대한 사랑으로 연합되었던 세 여인은 이제 완전히 하나가 되었다.

그래서 그들은 여행을 시작했다. 뜨겁고 먼지 나는 길을 향해 걸음을 옮기면서 그들은 각기 지나간 일을 더듬어보았다. 오르바는 자기가 사랑했던 기룐을 생각했다. 앞날이 불확실한 지금, 더욱 그가 그리웠다.

그 순간 갑자기 나오미가 걸음을 멈추고 물었다. "너희 부모가 계신 집으로 돌아가는 게 어떻겠니? 오르바야, 룻아, 나와 함께 가는 것보다 그게 더 나을 게다. 너희들이 내 아들에게 보여준 사랑으로 말미암아 하나님께서 너희를 축복하시기 바란다. 하나님께서 다시 행복한 결혼생활로 너희에게 보상해주시기를 바란다"(룻 1:8-9 참조).

며느리들이 자신의 말을 진지하게 받아들이기 바라며 나오미는 그들에게 작별 인사로 입을 맞추었다. 그 순간 세 사람 모두 울음을 터뜨리고 말았다.

룻과 오르바는 나오미의 제안에 귀를 기울이려 하지 않았다. 그러나 나오미의 제안은 강력했고 합리적이었다. "무엇 때문에 나와 함께 가려는 것이냐? 너희들의 장래는 결혼에 달려 있다. 나와 함께 간다면 너희는 그 기회를 놓칠 것이야. 나는 너무 늙어서 아이를 낳을 수 없고, 설사 그것이 가능하다 해도 나의 아들들은 나이 때문에 너희들의 남편으로 적합하지 않을 것이다"(룻 1:11-13 참조).

나오미의 분명한 제안으로 오르바와 룻은 다시 소리 내어 울었다. 그러나 잠시 후 마지막 결정이 내려졌다. 룻은 나오미와 함께 남기로 했고, 알 수 없는 미래가 두려웠던 오르바는 나오미의 제안에 설득되었다. 마지막으로 시어머니에게 입을 맞춘 후, 오르바는 뒤로 돌아서서 고향으로 가는 여행을 시작했다. 이것이 성경에서 그녀의 이름을 언급한 마지막 장면이다(룻 1:14).

룻기 1장을 다시 읽으라.
오르바와 룻의 공통적인 상황과 태도는 무엇인가?
그리고 둘 사이의 확연한 차이는 무엇인가?

성경은 오르바가 그렇게 결정한 이유를 언급하지 않는다. 어쨌든 그녀가 나오미와 헤어질 때까지는 룻과 구별되지 않았던 것이 분명하다. 그들은 남편에 대한 사랑으로 칭찬을 받았다. 둘 다 기꺼이 자기 부모의 집과 고향을 떠나 알 수 없는 미래에 직면하기로 한 것에서 증명되었다. 그렇지만 갑자기 개인적인 결정이 요구될 때 사태가 바뀌었다.

당신은 모르는 사람을 어떻게 대하는가?
당신의 현재 삶에서 미지의 상황에 대한 두려움이 있는가?
하나님을 신뢰하는 것에 대해 하나님이 어떤 것을 가르쳐주시는가?

왜 나오미는 그토록 다급하게 말했을까? 그와 같이 뼈아픈 현실을 왜 오르바와 룻에게 분명하게 이야기했을까? 어쩌면 그녀는 만약 두 며느리가 자발적으로 새로운 나라를 택할 기회를 갖는다면 행복하게 살 수 있을 거라고 생각했는지 모른다. 나오미는 자신의 경험을 통해 장소와 사람 이상의 것이 문제가 된다는 것을 배웠다. 그들의 선택은 하나님을 찬성하는가, 혹은 반대하는가에 대한 선택이며, 그와 같은 것은 개인적인 확신을 기반으로 한 개인적인 결정으로 남게 되는 것이다.

히브리 민족의 지도자였던 여호수아도 이 점을 강조했다. "만일 여호와를 섬기는 것이 너희에게 좋지 않게 보이거든 너희 조상들이 강 저쪽에서 섬기던 신들이든지, 또는 너희가 거주하는 땅에 있는 아모리 족속의 신들이든지 너희가 섬길 자를 오늘 택하라. 오직 나와 내 집은 여호와를 섬기겠노라"(수 24:15).

룻과 마찬가지로 오르바는 히브리인들을 통해 이스라엘의 하나님을 알게 되었다. 그러나 룻과 달리 그녀는 하나님을 섬기지 않기로 결정하고, 그분을 다만 자기 남편과 시댁 식구들의 종교로 남겨두었다. 즉 그녀는 나오미의 하나님을 자기 하나님으로 받아들이려 하지 않았다.

결정의 순간에 오르바는 자기 나라의 신, "모압의 가증한"(왕상 11:7) '그모스'를 택했다. 그녀는 그 신을 이스라엘의 하나님보다 더 좋아했다. 하늘과 땅의 창조주 대신 말할 줄도, 움직일 줄도 모르는 신을 택하고 말았다(사 16:12). 그녀에게 자신의 선하심을 보이기 원하시는 하나님께 등을 돌리고, 그녀는 헛된 우상들을 섬기기로 했다(욘 2:8). 자녀의 희생을 통해 생명을 요구하는 우상과 생명을 주시는 하나님을 바꾸는 일이었다.

우리는 하나님의 백성이지만
때로 '우리가 속한 나라의 신'을 따르는 선택을 한다.
즉 하나님이 아닌 다른 것들이 우리의 관점을 지배하게 한다.
이에 대한 당신의 대책이나 과거에 했어야 하는 일은 무엇인가?

"네 동서(오르바)는 그의 백성과 그의 신에게로 돌아가나니"(룻 1:15). 나오미의 이 말과 함께 오르바는 망각 속으로 사라져버렸다. 이후 그녀의 이름은 성경에 더 이상 언급되지 않는다.

성경은 한 사람이 내리는 모든 결정이 영원한 결과를 가져온다고 분명하게 가르친다. 그러한 결과는 이 땅에서의 삶에만 영향을 미치는 것이 아니라 영원한 운명을 결정해준다. 즉 그 모든 결정은 그가 천국에 갈 것인지, 혹은 지옥에 갈 것인지를 결정한다.

어쩌면 오르바는 훗날 자기의 잘못된 결정을 회개하고 우상으로부터 하나님께로 돌아섰을지 모른다. 그녀가 만약 온 마음을 다해 하나님을 찾았다면 틀림없이 하나님께서 그녀를 찾으셨을 것이다(렘 29:13). 그러나 그녀가 하나님을 찾지 않았다면 그녀의 미래는 끝났고, 그녀는 자기의 생명과 영혼을 영원히 잃어버렸을 것이다.

오르바의 삶을 말라기 3장 16-18절과
계시록 20장 12-15절에 비추어보고
당신이 내린 결론을 적으라.
그중 당신의 삶에 적용해야 할 것은 무엇인가?

**HER NAME
IS WOMAN:
LEADERS
AND
WANDERERS**

09 미갈

영적인 연합 없는 결혼으로 별거하게 된 여인
(삼상 19:10-17; 삼하 6:16-23)

> 모든 인간관계와 마찬가지로 결혼의 가장 안전한 길은
> 하나님에 대한 경험을 나누는 것이다.
> 만약 하나님에 대한 의견이 일치한다면
> 수많은 문제에서 의견이 일치하지 않는다 해도
> 계속 사랑할 수 있다.
> _ 유지니아 프라이스

사울 왕의 막내딸 미갈은 결혼 초기에 행복한 생활을 누리지 못했다. 문제의 원인은 왕의 딸과 목동의 사회적인 지위 차이가 아니었다. 오히려 사울은 그것으로 다윗을 불행하게 만들고, 그가 죽기를 바라며 다윗과 미갈의 결혼을 주선했다(삼상 18:17-21). 다시 말해 사울은 다윗을 죽이기 위해 다윗과 자기의 딸을 결혼시켰다.

사울은 이미 자기 백성들의 사랑을 얻은 사람, 자기를 대신해서 왕이 될 사람 다윗을 더 이상 두고 볼 수 없었다. 그래서 여러 번 다윗을 죽이려 애썼지만 성공하지 못했다. 사실 다윗에게는 사울의 맏딸 메랍과 결혼할 권리가 있었다. 이전에 사울 왕이 블레셋의 골리앗을 무찌른 자에게 자신의 딸을 주겠다고 약속했기 때문이다(삼상 17:25).

그러나 왕은 그 약속을 지키지 않았다. 다윗이 메랍과 결혼할 준비가 되었을 때, 왕은 그녀를 다른 사람에게 주었다(삼상 18:19).

그런 다음 사울은 다윗에게 100명의 블레셋 사람을 죽이라는 조건으로 또다시 그의 막내딸 미갈을 제시했다. 그리고 다음과 같이 잔인한 생각을 했다. '다윗이 그렇게 많은 블레셋 사람을 죽일 가능성은 매우 희박해. 틀림없이 목숨을 잃게 될 거야.' 그러나 그 생각에는 하나님이 제외되어 있었다. 결국 다윗은 하나님의 축복으로 200명의 블레셋 사람을 죽였고, 미갈을 아내로 맞았다(삼상 18:27).

미갈이 다윗을 사랑한 것은 이상한 일이 아니다. 그는 미남이었고 용감했으며 섬세했다. 그는 용감한 병사이면서, 시도 쓰고 작곡도 하는 예술가였다. 그는 백성들에게 인기가 있었고, 차기 왕으로 지명되어 있었다. 그러나 다윗의 생애에서 가장 두드러진 특성은 하나님과의 관계였다. 그 관계를 정확히 규명할 수는 없지만, 그것은 분명 그에게 커다란 매력을 가져다주었다.

다윗이 사위가 된 것으로도 사울 왕의 감정은 변화되지 않았다. 사울은 어떻게 하면 다윗을 죽일 수 있을까 생각했다. 그러다 전쟁이나 자신의 무기로는 다윗을 죽일 수 없다는 사실을 깨달았다. 결국 그는 다윗을 자신의 집에서 죽일 계획을 세웠다. 하지만 미갈이 그 음모를 듣고 남편인 다윗에게 경고했다. "빨리 도망가지 않으면 당신은 죽게 될 거예요"(삼상 19:11 참조). 그렇게 해서 그녀는 남편이 도망가도록 도와주었다. 그리고 다음 날 자기 아버지의 하인이 그를 잡으러 왔을 때 거짓말을 했다. "그는 병이 났어요."(삼상 19:14 참조).

이 말을 들은 사울은 화가 머리끝까지 치밀어 "그를 침상에 있는 채로 데려오라"고 명령했다(삼상 19:15 참조). 그는 곧 자기 딸이 자기를 속였다는 것을 발견했다. 미갈이 다윗처럼 보이게 하려고 우상을 위장하여 침상에 눕혀 놓았기 때문이다. 다윗이 자기 집 안에 그 우상이 있었다는 것을 알고 있었는지는 확실하지 않다. 하지만 그것은 미갈과 그녀의 경건한 남편 사이에 틈이 벌어지고 있다는 첫 징조였다.

당신과 가장 친한 사람을 생각해보라.
그와 일치되지 않는 부분은 무엇인가? 왜 그렇게 되었다고 생각하는가?

외적으로 그들의 결혼은 영적인 연합이 있는 것처럼 보였다. 미갈은 남편처럼 이스라엘의 하나님을 섬겼다. 그러나 그녀의 마음속에서는 여전히 낯선 분이었기에 그녀는 하나님을 신뢰하지 않았다. 반면 그녀의 남편은 다른 신을 섬기지 않았으므로 하나님에 대한 사랑이 지속되었고, 그 사랑이 매일의 삶에 적용되었다.

하나님과의 관계에서
당신의 마음은 한결같은가, 아니면 나누어져 있는가?
한결같다면, 그 마음을 분리시킬 위험요소가 무엇이라고 생각하는가?
한결같지 않다면, 하나님에게서 분리된 마음이 일상생활에
어떤 영향을 준다고 생각하는가?

부부간 영적 연합의 결핍은 행복한 결혼생활에서 가장 먼저 드러나는 상처이다. 그 상처는 점점 틈이 생기고 넓어져서 결국 다리를 놓을 수 없는 깊은 구렁이 되고 만다. '함께하는 삶'이라는 집을 고르지 못한 기초 위에 세울 수 없다. 그런 결혼은 처음부터 닥쳐올 폭풍우에 견딜 만큼 견고한 기초가 결핍되어 있는 집과 같다. 올바른 생각을 가진 사람이라면 기초가 전혀 없거나 약한 기초 위에 지은 집 안으로 들어가는 모험을 하지 않을 것이다. 즉 생의 굴곡에 대비하여 견고하게 설 수 있는 영적 원리를 고려하지 않고 결혼 배우자를 택한다는 것은 절대로 생각할 수 없는 일이다.

당신은 영적으로 연합한 사람과 삶을 나누는 일을
얼마나 중요하게 여기는가?
그런 파트너가 되기 위해 하나님과의 관계에 많은 투자를 하고 있는가?

사울이 "왜 나를 속이고 내 원수가 도망가게 했느냐?" 꾸짖자 미갈은 "자기를 도와주지 않으면 죽이겠다고 위협했어요."라고 대답했다(삼상 19:17 참조). 이 말은 미갈의 마음 상태를 드러낸다. 미갈은 사실을 말하는 대신 잔인한 방법으로 다윗을 비난했다. 얼마 전 자기 장인에게 복수하기를 거절했던 사람, 사울의 옷자락을 벤 것만으로도 양심의 가책을 받았던 사람, 자기 부하가 그를 쫓아가서 죽이려는 것을 말렸던 사람 다윗을(삼상 24:1-7) 아내인 미갈이 자기를 죽이려 했다고 비난하고 있는 것이다.

잠언 6장 16-19절과 누가복음 6장 45절을 읽으라.
미갈의 말이 그녀의 마음을 어떻게 드러내는가?

　미갈의 행동은 다윗의 행동과 크게 달랐다. 같은 상황에서 다윗은 하나님께 자신을 내어 맡겼고, 어려운 상황이 올 때마다 언제나 그렇게 했다. 하나님은 그의 안식처였고 그는 하나님으로부터 자기 문제에 대한 해결책이 나오기를 기대했다. 이러한 다윗의 사고방식은 불신과 속임수의 정신을 가진 아내 미갈과 정반대였다.

　다윗과 미갈 사이의 영적인 틈은 점점 더 분명해지기 시작했다. 그리고 그 일은 미갈의 자칭 사랑에 물음표를 붙여 놓았다. 분명히 다윗과 미갈은 서로 다른 길을 가고 있었다. 그리고 마치 예정되었던 것처럼 다윗이 사라진 뒤 그들의 결혼은 종말을 고하고 말았다. 단지 영적인 연합의 부재 때문만은 아니었다. 다윗에 대한 복수로 사울은 그의 딸을 다른 사람, 즉 갈림에 사는 라이스의 아들 발디에게 주었다(삼상 25:44).

　훗날 유다의 왕이 된 다윗은 미갈을 다시 자기에게 달라고 요구했다. 무엇이 그로 하여금 그녀를 부르도록 움직였을까?(삼상 3:14-15) 성경에는 구체적으로 명시되어 있지 않다. 또한 이 남자에게서 저 남자에게로 옮겨 다닌 미갈의 감정에 대해서도 아무런 언급이 없다. 틀림없이 그녀는 두 번째 남편을 떠나 다윗에게로 돌아갈 때, 고민하며 우는 그를 보며 가슴이 찢어질 듯 아팠을 것이다.

그 사건 이후 성경에 미갈이 다시 등장한다. 수년이 지나 다윗이 이스라엘의 왕이 되고, 그는 자기 생애에서 최고의 영광을 경험한다. 하나님께서 약속을 이루셨다. 다윗의 원수들은 패배했고, 그의 왕권은 주변 국가들 사이에서 높이 존경을 받았다(대상 14:2).

그러나 다윗의 행적에 대한 면류관은 조금 더 보류되었다. 그에게는 하나님을 위해 할 일이 한 가지 더 있었다. 하나님께서 임재하신다는 증거인 법궤가 예루살렘에 도착하기 전에는 온전히 기뻐할 수 없었다.

드디어 그날이 되자 예루살렘의 모든 사람이 잔치를 벌이며 여호와의 궤를 받으려고 몰려나와 다윗이 정한 장소까지 그것을 가지고 왔다. 제사장들과 레위 족속이 이 일을 위한 영적인 준비를 갖추었다. 악사와 음악가들은 이미 악기를 연주하고 있었다. 백성의 지도자들이 앞장섰고 이스라엘의 많은 백성이 합류했다. 말할 수 없는 기쁨의 환호성이 터졌다. 심벌즈, 트럼펫, 하프, 수금(고대 현악기)이 하나님을 찬양하는 사람들의 목소리에 맞추어 울려 퍼졌다(대상 15:3-25).

가장 행복한 사람은 다윗이었다. 그의 마음속에서 깊은 감사가 용솟음쳤다. 하나님께서 그에게 그러한 영광을 허락하신 것이 감격스러웠다. 다윗은 교만한 왕으로서가 아니라 거룩하신 하나님의 임재하심을 알고 있는 한 사람의 죄인으로서 그 사건을 경험했다. 그러한 상황에서는 왕복을 벗고 하나님께서 제사장에게 입으라고 명령하신 베로 된 고의를 입는 것이 마땅했다(출 28:42-43; 삼상 2:18). 위대한 왕으로서 법궤의 종의 옷을 입고 하나님 앞에 나아가는 것이 당연하다고 느꼈다. 그는 이전 왕처럼 그들을 축복해주는 백성들의 권위자로 나타나기를 원치 않았다. 그는 백성들과 자신을 동일시하려 했다. 하나님 앞에서 그들과 동등했으며, 하나님에 의해 그들과 똑같이 심판받기를 원했다. 백성들의 하나님은 곧 그의 하나님이었다.

이와 같이 넘쳐흐르는 기쁨과 감사를 다윗은 종교적인 춤으로 표현했다. 당시의 관습에 따라 만들어진 이 춤은 하나님을 향한 그의 감정을 눈으로 볼 수 있게 표현해주었다.

당신이 마음을 다해 찬양할 때 어떤 모습이 되는가?
그 외에 어떤 방법으로 하나님을 찬양할 수 있는가?

하지만 미갈은 그 궤를 즐겁게 맞기 위해 쏟아져 나온 군중들로부터 소외되어 있었다. 그녀와 다윗 사이의 간격이 얼마나 큰지 다시 한 번 증명되었다.

미갈은 자기 남편과 신앙적인 확신을 함께하지 않았다. 다윗 생애 최고의 순간인 이 위대한 날이 그녀에게는 조금도 감동을 주지 못했다. 미갈은 자기 아버지처럼 하나님의 궤에 관심이 없었다(대상 13:3). 미리암이 옛날에 그랬던 것처럼, 그녀는 손에 소고를 잡고 여자들 앞에 서서 여호와께 노래할 마음이 전혀 없었다(출 15:20-21).

그와 정반대로 미갈은 다윗의 흥분과 행동을 보며 그를 업신여겼다. 그녀는 창문으로 다윗이 백성들 틈에서 춤추는 것을 지켜보았다. 그러면서 마음속으로 그를 멸시했다.

다른 사람을 멸시해본 경험이 있는가?
그런 태도를 가질 때 마음속으로 무슨 생각을 했는가?

궤가 도착한 뒤, 다윗은 미갈과 함께 즐거움을 나누기 위해 집에 돌아왔다. 하지만 그녀는 경멸하고 쏘는 듯한 말로 그를 대했다. "이스라엘의 왕이 오늘 얼마나 영화로우신지 탕자처럼 길에서 여자들 앞에 자기 몸을 드러내더군요!"(삼하 6:20 참조) 이 말은 하나님을 생각하지 않는 표현이다. 미갈은 왕의 신분을 버리고 겸손하게 자기 백성들과 자신을 동일시했던 남편을 업신여겼다. 오직 자기중심적인 생각으로, 왕의 위신을 내던져버린 남자에게 심한 야유를 보냈다.

당신이 부정적인 태도를 가지게 하는 어려운 상황을 말해보라.
그 상황에서 하나님에 대한 생각을 표현할 수 있는 방법은 무엇인가?

미갈은 교만했고 마음이 냉랭했다. 하나님과 자기 백성들과 남편에게 빈정거리며 다윗을 방탕하고 염치없는 자라고 불렀다. 그녀는 다윗의 신앙을 배척했을 뿐 아니라 그것을 욕되게 했다. 그것을 부정하다고 말했다. 다시 한 번 미갈은 다윗을 불길한 빛 안에 두었다. 사랑의 결핍이 고통스럽게 드러났다. 미갈은 자기 남편과 남편의 하나님뿐 아니라 한 인간에 대한 사랑도 없었다. 결혼한 지 수년이 지났지만 그녀는 남편의 마음을 알지 못했다. 그가 무엇에 감동하는지 생

각하지 않았다. 남편의 동기는 그녀의 것이 되지 못했다.

두 사람 사이의 공백은 근본적으로 성격이나 야망의 차이에서 온 것이 아니다. 종교적인 차이에서 오는 생각들의 반응 때문이었다. 하나님에 대한 남편의 경외심은 미갈의 마음속에 같은 방식으로 여호와 하나님을 경험하고 싶다는 욕망을 불러일으키지 않았다. 수년 동안의 결혼생활은 그녀의 내적 인격을 영적으로 감동시키지 못했다.

이 이야기가 고린도후서 6장 14-15절 말씀을 어떻게 조명해주는가?

미갈은 하나님 마음에 합한 여인이 아니었기 때문에 다윗에게도 흡족한 아내가 되지 못했다. 어쩌면 다윗은 백성들 중 하나님을 사랑하는 꾸밈없는 여인들에게 더 친근함을 느꼈을 것이다. 그 사건 이후 성경은 미갈이 얼마나 오래 살았는지에 대해 기록하지 않고, 단지 그녀의 결혼생활이 끝났다는 것만 암시한다. 부부 사이의 불화는 그렇게 끝을 향하고 있었다. "사울의 딸 미갈이 죽는 날까지 자식이 없으니라"(삼하 6:23). 이 구절을 통해 다윗이 남편으로서 더 이상 그녀를 찾지 않았다는 결론을 내릴 수 있다. 그녀는 다윗의 아내로서의 역할을 끝내고 남은 생을 외롭게 보냈을 것이다. 또한 아무 영향력 없이 죽었으며, 아마도 자기 남편의 하나님을 만나지 못했을 것이다.

다윗과 미갈의 결혼은 역사 속의 한 경고로 남아 있다. 만약 남편과 아내가 하나님 안에서 영적 결합을 나누며 하나가 되지 못한다면, 그들의 결혼생활은 정신적 압박에 시달려 실패하고 말 것이다.

**HER NAME
IS WOMAN:
LEADERS
AND
WANDERERS**

10

이세벨

아무도 하나님을 얕볼 수 없다는 사실을 잊어버린 여인
(왕상 18장, 19:1-3, 21:5-16)

> 스스로 속이지 말라.
> 하나님은 업신여김을 받지 아니하시나니 사람이 무엇으로 심든지 그대로 거두리라.
> 자기의 육체를 위하여 심는 자는 육체로부터 썩어질 것을 거두고
> 성령을 위하여 심는 자는 성령으로부터 영생을 거두리라
> _ 바울(갈 6:7-8)

이세벨 왕비는 화가 나서 견딜 수가 없었다. 그녀는 이스르엘에 있는 여름 궁전에서 쉬면서, 갈멜산으로 여행을 갔다가 방금 돌아온 남편의 보고를 정신없이 듣고 있었다. "당신이 엘리야가 한 일을 보았어야 했는데…." 아합 왕이 머리를 흔들며 말했다. 그런 다음 어떤 일이 일어났는지 자세히 이야기했다. 그는 아내에게 엘리야가 바알 선지자들에게 하나님과 겨루어보자고 어떻게 도전했는지 이야기했다. 사실 그는 엘리야를 통해 역사하시는 주 하나님을 보았지만 단지 엘리야의 이야기로만 국한시키고 있었다.

이세벨은 이스라엘 북쪽에 살고 있는 시돈 사람의 왕 엣바알의 딸이었다(왕상 16:31). 그녀의 아버지는 그 민족의 왕일 뿐 아니라 바알의 선지자이기도 했다. 아합 왕과 결혼한 이세벨은 이스라엘에 바알 신

을 들여와 그를 섬기도록 했다. 미개하고 잔인한 그 종교는 어린아이를 제물로 바쳤다. 하지만 이세벨의 영향을 받은 왕은 하나님 보시기에 악한 일들을 서슴지 않았다. 이세벨은 할 수 있는 모든 방법으로 왕이 악한 일을 하도록 부추겼다(왕상 21:25). 그녀는 우상을 숭배하는 데 철저히 헌신되어 있었다.

유약했던 왕 아합은 이세벨의 뜻대로 조종당하며 이전의 그 어떤 왕보다도 하나님 여호와를 노하시게 했다(왕상 16:33). 그의 가장 큰 죄는 우상을 숭배하는 여인과 결혼한 것이었다(왕상 16:30-32). 이스라엘의 왕인 그는 아내와 함께 바알을 숭배하기 시작했다.

―

다른 사람이 당신의 믿음에 영향을 주려 하거나 다른 신앙을 강조할 때, 당신은 어떻게 반응하는가?

―

아합 왕의 영향으로 바알은 이스라엘 백성들의 마음속에서 살아계신 하나님을 대신했다. 하지만 이세벨은 그것으로 만족하지 않았다. 그녀는 모든 백성이 하나님을 버리고 바알을 섬기도록 그들의 종교를 핍박했다. 그녀는 남편에게 점점 더 권력을 행사하며 강한 위세로 백성들 위에 군림했다. 어쩌면 이세벨이 하나님의 선지자들을 모두 죽이라는 명령을 내렸는지 모른다. 그러나 아합 왕의 궁내 대신 오바댜가 여호와의 선지자 100명을 동굴에 숨기고 떡과 물을 먹이며 목숨을 잃을 위험에서 그들을 구해주었다(왕상 18:4).

하지만 이세벨은 계속해서 백성들이 바알을 섬기도록 부추겼다.

바알 선지자들을 지지하고 독려하기 위해 450명의 바알 선지자를 매일 자신의 식탁에 초대할 정도였다(왕상 18:19).

이세벨은 이스라엘의 하나님이 바알과 동등하다고 생각했다. 그녀는 야훼(여호와)를 이스라엘에만 메시지를 전달하는 토속 신으로 생각했다. 아무리 생각해도 이스라엘의 하나님을 그녀의 신 바알과 비교할 수 없었다. 그래서 엘리야가 바알 선지자들에게 도전했을 때 그녀는 당연히 바알이 이길 것이라 확신했다. 게다가 바알 선지자들의 숫자가 훨씬 더 많았다. 결국 450명의 바알 선지자들이 참되신 이스라엘의 하나님의 선지자 단 한 명과 대결하게 되었다(왕상 18:22).

이 세상의 '신들'은 승리하고 하나님은 침묵하시는 것 같다고 생각해본 적이 있는가? 이 이야기가 당신에게 무엇을 가르쳐주는가?

결국 두 개의 제단이 세워졌다. 하나는 여호와 하나님을 위한 것이고 다른 하나는 바알을 위한 것이었다. 참된 하나님만이 불을 내려 자신을 증명할 것이다. 인간은 아무도 불을 내릴 수 없다(왕상 18:23).

먼저 바알의 선지자들이 오전 내내 목청을 높여 소리치면서 그들의 의식을 시작했다. 그러나 정오가 되어도 응답을 받지 못하자(그들의 제단에 불이 내리지 않았다) 그들은 잔인하게도 피가 나올 때까지 칼과 단도로 자신들의 몸을 상하게 했다. 그렇게 오후까지 고함을 질렀지만 그들의 신은 잠잠했다. 바알은 자기를 섬기는 종 450명이 미친 듯이 불러대도 응답할 수 없는, 생명이 없는 신이었다(왕상 18:29).

그러자 엘리야가 산산조각이 난 살아계신 하나님의 제단을 수리하기 시작했다. 그는 이스라엘의 12지파를 대표하는 돌 12개를 쌓아 올리면서 조용히 혼자 일했다(왕상 18:31). 대조를 이룸과 동시에 참되신 하나님을 공개적으로 증명하기 위해 그는 제단 주위에 약 1미터 넓이의 도랑을 팠다. 그런 다음 나무를 쌓아 놓고 맨 꼭대기에 수소(bull)를 올려놓았다. 4통의 물을 제물과 장작에 부었다. 그 일이 세 번 반복되었고, 그때까지는 엘리야의 하나님이 매우 불리해 보였다.

모든 준비를 마친 후, 엘리야는 제단 앞으로 나가 기도하기 시작했다. "오, 주여, 응답해주옵소서! 저에게 답하셔서 당신이 하나님이시며, 당신이 그들을 당신께로 돌이키시는 분이라는 것을 이 백성들이 알게 해주옵소서"(왕상 18:37 참조). 바로 그 순간 하늘에서 불이 내려와 제물과 나무와 물과 돌과 흙까지 모두 완전히 태워버렸다. 그것은 숨 막히도록 경외할 만한 사건이었다. 참되신 하나님이 분명했다. 그분은 큰 증거로 자신을 증명하셨다. 우상 숭배로 하나님을 떠났던 이스라엘 백성들은 그것을 본 후에 비로소 정신을 차렸다. 시합 초기에는 어떤 반응도 보이지 않던 사람들이 그제야 확신을 갖게 되었다.

―――

우리의 삶은 우리가 전능하신 하나님을 믿고 있다는 것을 보여주는가? 어려운 상황을 만났을 때 하나님의 능력을 먼저 묵상한다면 당신의 태도가 어떻게 달라질 거라 생각하는가?

―――

"여호와 그는 하나님이시로다! 여호와 그는 하나님이시로다!" 백성들이 소리쳤다(왕상 18:39). 그리고 바알 선지자들에 대한 분노를 폭발시켰다. 그들은 가까운 냇가 옆에서 모조리 죽음을 당했다. 단 한 명도 살아남지 못했다.

그 일이 있은 후 여호와 하나님께서는 하나님의 선지자 엘리야의 또 다른 기도에 응답하셨다. 선지자의 선포로 3년 반 동안 온 나라와 백성들을 괴롭혀왔던 가뭄이 끝난 것이다. 그동안 내리지 않았던 비가 갑자기 하늘에서 쏟아져 내리기 시작했다.

"너무도 갑자기 비가 내렸소." 아합은 여전히 겁에 질린 채 말했다. "엘리야가 나에게 즉시 떠나라고 했지만 궁전에 닿자마자 큰 비가 쏟아졌소"(왕상 18:41, 45 참조). 남편의 이야기를 들은 이세벨 왕비는 분노로 파랗게 질렸다.

아합이 이야기를 마친 뒤에도 이세벨은 여호와께서 바알의 선지자들을 다루신 사건에 감동을 받지 않았다. 그녀는 하나님의 역사를 개인적인 모독이라고 간주했다.

그 분노는 자연히 엘리야에게 돌아갔다. 그녀에게 엘리야는 이 사건에 대해 비난할 수 있는 유일한 대상이었다. 그녀의 말은 쓸개처럼 썼다. "너는 나의 선지자들을 죽였다. 맹세코 너를 죽여버리겠다. 바로 내일 죽게 될 것이다"(왕상 19:2 참조).

이 여인이 얼마나 강력한지, 얼마나 악하고 무자비한지 엘리야는 그녀가 그 협박을 수행하리라는 것을 의심치 않았다. 아합 왕과 흥분한 450명의 바알 선지자들을 침착하게 대했던 엘리야는 모든 용기를 잃어버리고 생명을 부지하기 위해 광야로 달아났다. 그리고 나무 밑에 웅크리고 앉아 다음과 같이 탄식했다. "여호와여, 넉넉하오니 지금 내 생명을 거두시옵소서"(왕상 19:4).

광야에서 엘리야가 보인 행동과 주님의 요구는 무엇을 보여주는가?
절망할 때 당신은 하나님께 무슨 말을 하는가?

다행히도 사태는 선지자가 낙담한 것만큼 암담하지 않았다. 아직 바알 앞에 무릎을 꿇지 않고 하나님과의 언약을 깨뜨리지 않은 칠천 명이 있었던 것이다(왕상 19:18). 그러나 엘리야는 나중에야 그 사실을 들었다.

이세벨은 살아계신 하나님을 대적하여 마침내 승리를 얻었다고 생각했는지 모르겠다. 그녀는 엘리야를 죽일 기회를 얻지 못했거나, 아니면 백성들이 두려워 그를 죽이지 않았을 것이다. 어쨌든 그녀는 엘리야의 도피를 승리로 간주했다.

이제 아무도 당당히 하나님 편에 서지 않았다. 이세벨은 이스라엘의 하나님께 드리는 예배를 소멸시키려는 목표를 향해 한 걸음 한 걸음 내딛고 있었다. 날로 치솟는 승리감이 그녀를 뻔뻔스럽고 무분별하게 만들었다. 그러는 동안 아합은 자기 궁전과 경계를 이루고 있는 나봇이라는 사람의 포도원을 넘보기 시작했다. 그 땅을 궁전의 정원으로 사용하고 싶어서 그는 나봇에게 상당한 값을 주고 그 포도원을 사겠다고 제안했다. 나봇이 거절하자 그는 좀 더 많은 값을 제안했다. 그러나 나봇은 다시 그 제안을 거절했다. 그 땅은 조상의 유산이었으며, 이스라엘의 율법은 그러한 땅을 파는 것을 금했기에 그 땅은 그 가족에게 남아 있어야 했다. 나봇이 만약 그것을 판다면, 그것은 여호와께 불순종하는 것이 되었다(왕상 21:1-3).

여호와의 율법을 알고 있었던 아합은 그러한 나봇의 반응을 이해했다. 하지만 거절당한 아합은 마치 갖고 싶은 것을 갖지 못해서 먹지도 않겠다고 떼를 쓰는 어린아이처럼 시무룩해졌고, 근심하며 침상으로 가서 벽을 향해 누워버렸다(왕상 21:4).

최근에 당신이 바라는 대로 되지 않았던 일을 생각해보라.
그때 당신은 어떻게 반응했는가? 그 반응이 이기심에서 나온 것인가,
아니면 하나님을 신뢰하는 것에서 나온 것인가?
그렇게 생각하는 이유는 무엇인가?

이세벨은 남편이 매우 어리석다고 생각했다. 그녀의 고향에서는 왕보다 높은 권위가 없었기 때문이다. "당신은 훌륭한 왕이군요." 그녀는 조롱했다. "이 나라를 다스리는 분이 당신 아닌가요? 일어나 식사하시고 마음을 즐겁게 하세요. 내가 나봇의 포도원을 가져다 드릴게요."(왕상 21:7 참조).

이세벨은 한 치의 거리낌도 없이 살인을 저지를 수 있는 비양심적인 여인이었다. 그렇게 해서 그녀는 나봇을 죽일 그럴 듯한 변명을 찾기 시작했다. 나봇이 죽은 뒤에는 그 땅을 차지할 수 있었기 때문이다. 어이없게도 그녀는 나봇을 고소하기 위한 구실을 히브리 종교에서 찾았고, 언젠가 반드시 훼손시키려 했던 하나님의 율법을 이용했다.

우리가 종종 우리 뜻에 맞도록 성경을 왜곡하는 것은 어떤 경우인가? 그렇게 하지 않도록 자신을 억제하는 방법은 무엇인가?

그녀는 왕의 권위를 이용하여 금식을 요구했다. 그것은 종교 모임이라는 이름으로 사람들을 소집한다는 의미였다. 당시의 금식은 죄를 범한 자가 죄사함을 받기 위해 거룩하신 하나님 앞에서 자신을 낮추는 것이었다(시 35:13). 그러한 배경으로 이세벨은 하나님의 진노하심을 풀기 위한 속죄 제물로 나봇을 세웠다. 그녀는 그가 하나님과 왕을 저주했다고 공공연하게 정죄했다. 율법 아래에서 하나님을 저주한 사람은 죗값을 치러야 했다. 즉 그는 죽어야 했다(레 24:16).

이세벨은 조심스럽게 자기의 계획을 밀고 나갔다. 고소가 유효하려면(신 19:15) 두 사람의 증인이 있어야 했고, 이세벨이 만든 거짓 증인들이 자신들의 역할을 정확하게 해냈다.

이렇게 해서 무죄한 사람 나봇은 이세벨의 명령대로 돌에 맞아 죽었다. 그의 아들들도 그와 운명을 같이했다(왕하 9:26). 그리고 아합 왕은 나봇의 땅을 자기 소유로 삼았다.

하나님의 율법을 진지하게 받아들이는 척했던 이세벨은 그것을 다시 한 번 악용했다. 나봇이 하나님과 왕을 저주했다고 정죄했다. 그렇게 해서 그녀는 왕을 하나님과 똑같이 중요하게 만들었다. 살아계신 하나님을 조롱했다. 이제는 하나님의 선지자 엘리야도 아무런 간섭을 하지 않을 것이고, 하나님께서도 영원히 침묵하실 거라 생각했는지 모른다.

**하나님께서는 자신의 이름을 선포하기 위해 우리를 의지하지 않으신다.
다만 우리에게 그렇게 할 특권을 주신다.
어두운 세상에서 당신이 하나님의 이름을 선포할 수 있는
구체적인 방법은 무엇인가?**

그러나 왕이 나봇의 포도원을 청구하려는 순간, 엘리야가 왕 앞에 나타나 이렇게 말했다. "이는 왕에 대한 하나님의 메시지다. 나봇을 죽인 것으로 부족하여 그의 소유까지 빼앗으려 하느냐? 네가 한 일로 인해 개들이 나봇의 피를 핥은 것같이 성 밖에서 네 피도 핥을 것이다. … 네 후손들도 너와 비슷하게 죽을 것이다"(왕상 21:19, 21 참조). 그리고 이세벨에 대해서는 다음과 같이 예언했다. "개들이 이스르엘 성읍 곁에서 네 아내 이세벨의 몸을 찢을 것이다"(왕상 21:23 참조).

죄 없는 나봇과 그의 아들과 선지자들의 피가 하늘에 계신 하나님께 헛되이 부르짖은 것은 아니었다(왕하 9:26). 이후 아합과 이세벨은 예언된 대로 죽었다(왕상 22:29-40; 왕하 9:30-37). 특별히 비참했던 이세벨의 종말은 그녀의 경건치 못한 주장과 맞먹는 것이었다. 그녀의 일생은 계속 음행과 술수에 연결되어 있었다(왕하 9:22). 그러나 이제 하나님의 심판이 임했고, 그녀의 몸은 궁전 창문 밖으로 내던져진 뒤,

땅에 버려져 말발굽에 짓밟히고 말았다. 개들이 그 시체를 갈기갈기 찢고 그 살을 먹었다.

처음엔 아무도 이세벨의 시체를 알아보지 못했다. 훗날 왕의 딸이자 아내였던 그녀를 묻어주기 위해 그녀의 시신을 발견했을 땐, 지난날 교만한 왕비였음을 알아볼 만한 것이 하나도 없었다. 장례식을 위해 긁어모을 수 있었던 것이라고는 그녀의 두개골과 발과 손뿐이었다. 시체 조각들은 거름처럼 들에 흩어져 아무도 알아볼 수 없었다.

이세벨에 대한 하나님의 예언은 문자 그대로 이루어졌다. 그녀는 심은 대로 거두었다. 그녀는 이기심을 심었고 파멸을 거두었다. 하나님의 이름으로 말한 솔로몬의 말은 그녀에게 다음과 같이 적용된다. "내가 불렀으나 너희가 듣기 싫어하였고 내가 손을 폈으나 돌아보는 자가 없었고 도리어 나의 모든 교훈을 멸시하며 나의 책망을 받지 아니하였은즉 너희가 재앙을 만날 때에 내가 웃을 것이며 너희에게 두려움이 임할 때에 내가 비웃으리라"(잠 1:24-26).

하나님께서는 이세벨에게 돌아설 수 있는 기회를 여러 번 주셨다. 이방의 공주였던 그녀는 약속의 땅에서 살았다. 거기서 그녀는 하나님의 율법과 선지자들을 만날 기회가 있었다. 또한 그녀는 하나님께서 행하신 큰 이적을 목격했다. 그러나 그 기회들을 제대로 사용하지 않았다. 오히려 이스라엘의 하나님을 조롱하며 종교의 이름으로 뻔뻔스럽게 악행을 저질렀다.

하나님의 사랑은 그분이 창조하신 여인 이세벨에게도 전해진다. 하나님께서 그녀에게 자기 생을 선하게 사용하도록 주신 여러 번의 기회가 그것을 나타낸다. 그녀는 회개하고 하나님의 은혜를 받을 수 있었다. 하나님께서 그녀에게 뛰어난 지력을 주셨기에, 그녀는 날카롭고 지적이었으며 강한 정신력을 소유했다. 그러나 그녀는 그러한 능력을 나쁜 목적으로 사용했다. 그리고 그것을 기꺼이, 지독하게도 악을 섬기는 데 내주었다. 그녀는 높은 지위에 있었으므로 경건한 영향을 널리 미칠 수 있었다. 그러나 그녀는 주님 보시기에 나쁜 일들을 저질렀을 뿐 아니라 다른 사람도 같은 일을 하도록 충동질했다.

이세벨의 삶을 잠언 1장 20-31절에 비추어보고,
하나님께서 그녀에게 다가가신 방법을 설명해보라.
하나님은 지금 당신에게 어떻게 다가가시는가?

수세기 후에 예수님은 이스라엘의 수도 예루살렘 사람들로 인하여 탄식하셨다. "예루살렘아, 예루살렘아, 선지자들을 죽이고 네게 파송된 자들을 돌로 치는 자여, 암탉이 그 새끼를 날개 아래 모음같이 내가 네 자녀를 모으려 한 일이 몇 번이더냐? 그러나 너희가 원하지 아니하였도다!"(마 23:37)

그와 같이 이세벨도 하나님께 돌아서기를 거절했다. 그녀는 죽을 때까지 계속 악한 일만 했다. 그녀는 교만하게도 자기가 하나님을 상대할 수 있다고 믿었지만, 그 믿음은 잘못된 생각임이 매우 고통스럽게 밝혀졌다. 아무도, 절대로 하나님을 얕볼 수 없다.

**HER NAME
IS WOMAN:
LEADERS
AND
WANDERERS**

11

헤로디아

복수와 살인으로 자신을 격하시킨 여인
(막 6:17-28)

> 여성이 착한 일을 하기로 결정했을 땐 남자보다 더 축복이 된다.
> 그러나 여자가 죄에 굴복하는 순간,
> 사람에 대한 여성의 증오심은 훨씬 더 격심하며
> 훨씬 더 맹렬하고 훨씬 더 치명적이다.
> 그때는 무엇으로도 그녀를 막을 수 없다.
> _ 아브라함 카이퍼

헤로디아의 딸 살로메는 조심스럽게 자기 어머니에게 몸을 굽히고 물어보았다. "무엇을 구할까요?"(막 6:24 참조)

그 질문을 받은 헤로디아는 승리의 미소를 띠었다. 그녀의 두 눈에 복수의 빛이 번뜩였다. 대답할 시간을 단 1분도 놓치지 않았다.

복수하고 싶은 충동을 느낀 적이 있는가?
그 감정의 근원은 무엇인가?
그런 적이 없다면 당신이 그렇게 반응하도록 만드는 것은 무엇인가?

"세례 요한의 머리를 구하라." 헤로디아가 "쉿!" 하며 조용히 말했

다(막 6:24). 그녀의 목소리에는 아무런 주저함도, 의심도 없었다. 그녀 주위에서 많은 사람이 이야기를 나누고 있었다. 초대된 사람들이 궁전에 모여 헤롯 안티바스 왕의 생일을 축하하고 있었다. 그 자리는 뛰어난 여러 지도자 및 군 장성들과 갈릴리로부터 온 유명한 손님들이 왕의 초대를 받은 만찬 자리였다(막 6:21).

마침내 헤로디아의 계획이 성공했다. 그녀는 그날 누구보다도 미워했던 사람을 제거하게 되었다. 말로는 실패했지만 간교함으로는 성공했다. 그녀의 남편 헤롯은 이제 요한을 죽이지 않을 수 없게 되었다. 모든 사람 앞에서 살로메에게 이렇게 말했기 때문이다. "무엇이든 원하는 것을 구하라. 그러면 내가 네게 주리라." 심지어 다음과 같은 말로 확인까지 했다. "내 나라의 절반까지라도 주겠노라!"(막 6:23 참조)

헤로디아는 남편의 잔인한 성격을 알고 있었다. 그는 그의 아버지 헤롯 대왕의 핏줄을 이어받았고(마 2:13), 그리 높은 도덕 기준을 가진 사람이 아니었다. 그는 동생의 아내인 헤로디아를 위해 자신의 법적 아내인 아라비아 공주와 이혼까지 했다. 즉 헤로디아와 헤롯 왕은 둘이 함께 살기 위해 원래의 배우자들을 버렸다.

헤로디아는 자기 남편의 자존심과 호색도 잘 알고 있었다. 그녀가 몇 분 전 살로메에게 손님들 앞에서 춤을 추라고 부추긴 이유도 남편의 그러한 특성을 이용하려 했기 때문이다. 그러한 상황과 그러한 춤은 비록 정통적인 유대인들에게는 해당되지 않지만 잔치에서는 흔히 있는 일이었다.

교만은 쉽게 조종당할 수 있다.
당신의 삶 속에서 교만 때문에 괴로워하는 영역은 무엇인가?
그런 교만으로 악하게 반응하지 않을 방법은 무엇인가?

소녀의 유혹적인 춤은 그곳에 참석한 사람들을 흥분시켰다. 그녀의 유연한 몸은 저녁 내내 먹고 마신 사람들을 황홀하게 했다. 왕은 자기 눈에 환상적이기까지 한, 이 자발적인 공로에 큰 상을 내려야 한다고 결정하고 어처구니없는 말을 해버렸다.

헤로디아는 헤롯이 용기 없는 남자라는 사실도 알고 있었다. 그는 사실 자기가 정말 하고 싶지 않은 일을 충동적으로 약속했다고 인정하지 못할 것이다. 인간의 목숨이 이 세상 왕에게 속하지 않는다는 것도 인정하지 않을 것이다. 비록 한 사람의 목숨을 처리하는 것이 자기 손에 있지 않다 해도 그러한 상황에서 자기 맹세가 무효이며 아무 능력이 없다고는 차마 인정하지 못할 것이다.

교만하고 자기중심적인 헤롯은 자신의 이익을 위해 선지자를 대적하기로 결정했다. 그러나 사실은 헤로디아가 그에게 그러한 결정을 강요한 것이었다. 그녀의 남편은 자기 손으로 요한을 해치기를 주저했다.

헤로디아가 세례 요한을 죽이려 한 것은 이번이 처음이 아니었다. 그때까지 헤롯은 그녀의 음모로부터 선지자를 항상 보호했고, 요한을 죽이려 했던 그녀의 모든 시도는 실패했다.

그러나 이제 그녀는 헤롯 앞에 냉정하고 빈틈없는 덫을 설치했다. 너무도 간교하게 꾸며 놓았기 때문에 그녀의 남편은 속절없이 거기에 걸려들었다. 이제 세례 요한의 목을 건 게임은 끝났다. 헤로디아가 이겼다.

그녀의 소름 끼치는 행동은 갑작스러운 충동이 아니었다. 그녀는 지나치게 무모한 행동은 하지 않았다. 그녀는 거의 1년 반 동안 악마 같은 그 계획을 추진해왔다. 그러한 사실이 이후에 펼쳐지는 무시무시한 이야기의 배경을 이루었다.

헤롯과 헤로디아가 공공연하게 함께 사는 것은 사실 백성들의 율법을 조롱하는 것이었다. 하나님의 율법은 매우 분명한 말로 그들의 행위를 정죄했다. "누구든지 그 형제의 아내를 데리고 살면 더러운 일이라. 그가 그의 형제의 하체를 범함이니 그들에게 자식이 없으리라"(레 20:21).

그러나 왕과 왕비는 백성들을 다스리는 가장 높은 권위였기 때문에 헤롯과 헤로디아의 신하들이 그들을 꾸짖는 것은 불가능했다. 그들은 두 군대가 유대 나라를 점령하고 있는 로마 황제를 대표하고 있었다.

하지만 왕의 권위에 방해를 받지 않는 한 사람, 세례 요한이 있었다. 그는 오직 하나님의 이름으로 말했다. 그는 인간을 차별하지 않고 자기가 받은 명령을 수행했다. 그의 메시지는 힘이 있고 단순했다. "회개하라 천국이 가까웠느니라"(마 3:1-6).

그의 목소리는 그가 살았던 들판(눅 1:80)의 사나움과 황량함 속에서도 유대 땅 도처에 울려 퍼졌다. 이 외침은 이미 알려진 메시지였다. 일찍이 모세(신 30:9-11)와 예레미야(렘 18:11) 같은 선지자들도 세례 요한처럼 회개하라고 외쳤다. 그들 역시 민족에게 삶을 바꾸라고 권면했다. 만약 이스라엘 민족이 회개하지 않는다면 하나님께서 그들의 죄를 용서치 않을 것이며, 그들의 땅을 회복시키지 않으실 것이라고 했다(대하 7:14).

―

당신이 회개하라는 부름을 받고 있는 것은 어느 영역인가?
무엇 때문에 주저하고 있는가?

―

요한의 설교는 매우 절박했다. 그는 "천국이 가까웠느니라"(마 3:2). "주의 길을 예비하라." "그의 첩경을 평탄케 하라"(마 3:3)고 말했다.

많은 사람이 그것을 하나님의 음성으로 인식했다. 그에게 몰려와서 자신들의 죄를 자백했고, 변화된 심경의 증거로 세례를 받았다.

요한의 목소리는 동족들의 마음 문만 두드린 것이 아니었다. 헤롯왕의 정식 명칭인 분봉 왕의 궁전 문에도 울렸다(눅 3:19). '왕'이라는 말은 유대 땅 1/4에 해당되는 갈릴리와 페레아(요단강의 동쪽 계곡) 지방을 다스리고 있었기 때문에 불려진 아첨 형식의 불분명한 명칭이었다.

헤롯과 헤로디아는 이스라엘 민족이 아니라 에서의 후손인 에돔인이었다. 이스라엘 민족의 조상인 야곱은 그들의 조상이 아니었다. 그러나 이스라엘 민족과 같이 족장 아브라함과 이삭을 그들의 조상으로 삼고 있었다. 그들과 함께 살고 있는 유대인들과 분명히 관련되어 있었다.

또한 선지자의 메시지는 유대 민족만을 위한 것이 아니었다. 그것은 헤롯과 헤로디아에게도 해당되었다. 그들 역시 회개해야 했기 때문이다.

그들은 지금 자신들이 가고 있는 그릇된 방향에서 돌아서야 했다. 하나님은 그들을 위한 메시지를 가지고 계셨다. 그들이 회개한다면 죄사함과 변화된 삶이 뒤따를 것이다. 요한은 그들을 향한 일반적인 경고로 만족할 수 없었다. 그 부부에게 개인적으로 경고하기를 주저하지 않았다.

"당신이 동생의 아내를 취하는 것은 옳지 않소." 그는 헤롯에게 솔직히 말했다(막 6:18 참조). 또한 헤롯이 저지른 다른 범죄도 지적했다(눅 3:19-20).

의롭고 단호한 선지자와 부도덕하고 줏대 없는 헤롯, 이 두 사람 사이보다 더 큰 차이는 생각할 수 없을 것이다.

그러나 두 사람 사이에는 어떤 관계가 진전되고 있었다. 왕은 언제나 딱딱한 진리를 이야기하는 그 선지자에게 마음이 끌렸다. 그는 요한에게서 자기 자신이 갖지 못한 특성을 발견했다. 그것은 곧고 거룩한 생활 태도였다.

그래서 헤롯은 요한의 말을 듣기 위해 여러 번 그를 불러들였다. 그 결과 왕의 내면은 점점 혼란스러워졌다. 하지만 그의 삶에는 아무런 영적 변화도 일어나지 않았다.

> 거룩하다는 것이 무슨 뜻인가? 당신의 삶을 돌아보라.
> 하나님께서 어떤 방법으로 당신과 교제하시며 당신을 거룩하게 하셨는가?

이를 본 헤로디아는 자기 남편이 선지자에게 굴복당한다고 생각했다. 두 가정을 파괴한 그녀는 이혼당하지 않으리라는 확신을 갖고 싶었다. 요한이 그들의 죄 많은 관계를 노출시킨 순간부터 그녀는 자기 평안의 방해자인 요한을 미워했다. 어떤 방법으로든 그를 처치하고 싶었다.

헤로디아는 무엇보다 헤롯이 더 이상 선지자의 영향을 받지 않게 되기를 원했다. 그래서 왕에게 요한을 투옥시킬 것을 요청했다. 이제 그를 죽일 수 있는 가능성이 자기 손 안에 있다고 생각했다. 감옥이 궁전의 성벽 내에 위치하고 있었기 때문이다.

그러나 헤롯은 요한은 물론 자신을 위해서도 계속 경계심을 가지고 있었다. 백성들이 요한을 선지자로 여기고 있는 것이 분명했기에, 요한이 죽으면 폭동이 일어날 수도 있다고 생각했다(마 14:5). 그러한 격변 속에서 그의 흔들리는 '보좌'는 존속이 어려울지도 모른다고 여겼다.

그렇게 백성들을 하나님께로 돌이키던 선지자는 감옥에 갇히게 되었다. 예수께서 "여자가 낳은 자 중에 세례 요한보다 큰 이가 일어남이 없도다."(마 11:11) 말씀하신 사람이었다. 그는 비열하고 피에 굶주린 여인과 잔인하고 줏대 없는 남자의 미끼가 되고 말았다. 자유를 잃어버리고 쇠고랑에 매인 그는 시간이 흐르면서 점차 자신의 소명을 의심하는 데까지 이르렀다(마 11:2-6).

헤로디아는 자기의 증오심을 증명했다. 그녀는 치명적이고 철저하게 요한 주위에 덫을 놓았다. 또한 헤롯의 경계심을 뒤집고 그를 함정에 빠뜨렸다.

많은 부모들처럼 헤로디아는 자신의 편리를 위해 자녀를 이용하려 했다. 그녀는 이제 마지막 국면에 접어든 자신의 악마적인 음모에 자신의 자녀를 희생시켰다.

어머니의 영향을 받은 살로메는 주저함 없이 왕에게 자기의 요청을 내놓았다. 살로메의 반응은 어머니 이상으로 냉혹했다. 살로메는 자기가 맡은 끔찍한 사명을 서둘러야 한다는 것을 깨달았다. 왕의 기분이 변하기 전에 재빨리 일을 마쳐야 했다. 그러지 않으면 자기의 무모한 제안이 취소될지도 모를 일이었다. "세례 요한의 목을 빨리 주십시오." 그녀는 잔인하게 말했다. "그것을 소반에 담아 주시기를 원하옵나이다"(막 6:25 참조).

살로메의 어머니조차 거기까지는 생각이 미치지 못했다. 그러나 어머니의 증오심이 딸의 생각에 독을 넣어주었다. 살로메에게는 요한이 공개 재판이나 심문이나 다른 유형의 변호 없이 살해되는 것으로 충분하지 않았다. 그가 친구들에게 작별 인사 한 마디 못한 채 이 세상을 떠나는 것으로도 만족하지 못했다. 요한은 죽은 뒤에도 철저히 모욕을 받을 것이다. 그의 잘려진 목은 결국 쟁반에 담겨 헤로디아와 살로메의 요청에 따라 헤롯의 생일 파티 후식으로 제공되었다.

큰 축제일에는 종종 제왕들이 은혜를 보이곤 했는데, 헤로디아는 잔인하게도 잔칫날 목을 베었다. 그녀는 죄 없는 사람을 살해했다. 요한의 유일한 죄는 하나님의 말씀을 두려움 없이 선포한 것뿐이었으나, 헤로디아는 자기의 두 친족을 공범자로 만들었다.

———

전 세계에서 그리스도인들이 신앙 때문에 박해를 받고 있다. 이런 그리스도인들의 구체적인 사례를 찾아보고 그들을 위해 기도하라.

———

헤롯과 헤로디아라는 이름은 '영웅적'이라는 의미를 지니지만, 그 이름은 그들의 악명 높은 생애와 너무 큰 대조를 보인다. 그들의 행동은 영웅주의에서 발생된 것이 아니었다. 그와 반대로 그들은 지옥의 명령을 받았다.

성경에는 죄 많은 여인이 여러 명 등장하지만, 헤로디아처럼 사악한 여인은 드물다. 헤로디아처럼 손이 피로 얼룩진 여인은 많지 않다. 회개할 기회가 분명하게 주어졌지만, 그녀는 그것을 배격하고 가장 큰 죄를 범하고 말았다.

감옥에 갇히기 전, 요한은 유대 땅을 두루 다니며 말씀을 전하고 많은 이적을 행하는 분, 나사렛 예수를 지목했다. "보라! 세상 죄를 지고 가는 하나님의 어린양이로다"(요 1:29). 그리고 이렇게 덧붙였다. "나는 그분보다 중요한 사람이 아니다. 나는 다만 그분의 전달자이며, 그분을 선포하는 목소리이며, 그분을 가리키는 손가락일 뿐이다"(막 1:7 참조).

유대인들은 그 말을 이해했다. 그 말은 하나님과 인간의 언약 아래에서 죄 없는 어린양 같은(출 12:1-16) 예수님이 인간들을 구속하시기 위해 자신의 생명을 주실 것이라는 사실을 예언한 것이었다. 예수 그리스도는 인간과 자기 민족과 온 세상의 구세주로 선포된 메시아셨다(요 3:16).

요한은 헤롯과 헤로디아를 권면하여 그들도 하나님과의 새로운 관계에 참여하도록 권면했다. 그렇게 되기 위해서는 기꺼이 겸손해져야 했다. 자신들의 죄를 자백하고 삶을 새롭게 해야 했다. 요한은 그들이 이미 그들 가운데 살고 있는 메시아를 만나기 원했다. 그러나 그 부부는 하나님의 부르심에 응답하려 하지 않았다.

비슷한 상황에 있었던 사마리아 여인과 매우 다른 반응이다. 그녀의 부도덕은 헤로디아처럼 널리 알려져 있었다(요 4:18). 그녀 역시 개인적인 방문을 받았다. 다른 점이 있다면 요한이 아니라 예수님께서 친히 찾아가셨다는 것이다(요 4:7-26). 그 여인은 죄가 자기를 막다른 골목으로 몰아냈다는 것을 깨닫고 구원으로 가는 믿음에 이르렀다. 이후 그녀의 삶은 눈부시게 변화되었고 다른 사람들에게 축복이 되었다. 마을 사람들은 그녀의 간증을 통해 예수 그리스도에 대한 믿음을 갖게 되었다(요 4:28-39).

신명기 30장 9-10절과 역대하 7장 14절을 살펴보라.
하나님의 축복을 받는 조건은 무엇인가?

그러나 헤로디아에게는 정반대의 사건이 일어났다. 그녀의 삶은 전락했고, 주위의 저주가 되었다. 그녀는 잔인하게도 하나님께서 택하신 종의 피로 자녀의 양심에 짐을 지워주었다. 그녀의 딸 살로메도 회개의 기미를 보이지 않았다. 어머니처럼 그녀의 양심도 회복될 수 없을 만큼 무감각해져 있었다.

헤로디아는 자기 남편에게도 파괴적인 영향을 미쳤다. 일찍이 하나님께서는 헤롯과 대화의 문을 열어 놓으셨다. 그러나 조금 열려 있던 그의 마음 문은 헤로디아의 영향을 받아 완전히 닫히고 말았다.

얼마 후 예수님께서 사형 선고를 받으셨을 때, 주님은 빌라도에게 주의를 기울이셨다. 십자가에서는 살인자에게까지 천국 문을 열어주셨다(눅 23:39-43). 그러나 헤롯에게는 아무 말도 하지 않으셨다(눅 23:9). 헤롯은 그 기회를 잃어버렸기 때문이다. 그는 하나님께서 요한을 통해 말씀하실 때 귀를 기울이지 않았다. 헤롯과 헤로디아 모두 하나님께서 한 번 이상 말씀하신다는 사실을 경험했다(욥 33:14). 그러나 하나님의 부르심에 귀를 기울이지 않는 사람은 영원히 기회를 잃어버리게 된다.

한때 세례 요한의 죽음을 막으려 했던 헤롯이 예수님의 죽음에서는 실제적인 역할을 담당했다(눅 23:8-12). 그는 살인자로서 가족의 전통을 계승했다. 그의 마음은 이미 굳어져 있었다.

헤로디아가 만약 자신을 돌이키고 하나님의 경고에 귀 기울였다면 그녀의 삶은 달라졌을 것이다. 하지만 불행하게도 그녀는 죄를 더 좋아했다. 제시간에 경고해준 하나님의 사람을 무시했다. 자기 문제의 해결책을 거절함으로써 스스로 재해를 당했다. 그녀는 하나님의 가르치심을 거스르고 마음을 강퍅하게 했다(잠 28:14).

헤로디아의 가장 큰 죄는 간음이나 살인이 아니었다. 하나님에 대한 불신이었다.

"훈계를 좋아하는 자는 지식을 좋아하거니와 징계를 싫어하는 자는 짐승과 같으니라"(잠 12:1). 이것은 모든 시대를 통틀어 가장 지혜로운 자, 솔로몬의 말이다. 그는 또한 이렇게 경고한다. "훈계를 굳게 잡아 놓치지 말고 지키라. 이것이 네 생명이니라"(잠 4:13). "훈계를 지키는 자는 생명길로 행하여도 징계를 버리는 자는 그릇 가느니라"(잠 10:17).

헤로디아는 자신에게 도움이 될 꾸지람을 배척했고, 그 결과 실질적으로 영적인 손해를 입었다.

최근에 하나님께서 말씀이나 다른 사람들을 통해
당신을 책망하신 일이 있는지 생각해보라.
그때 당신은 어떻게 반응했고 무엇을 배웠는가?

플라비우스 요세푸스(Flavius Josephus)는 헤로디아의 야심이 그녀를 파멸로 이끌었다고 말한다. 그녀는 헤롯에 대한 자기의 영향력을 과대평가하여 칼리굴라 황제(Emperor Caligula)에게 왕의 칭호를 요청하라고 그를 자극했다. 하지만 그 요청은 거절당했고, 헤롯은 추방되었으며, 남은 생을 사는 동안 멸시를 받았다. 헤로디아도 자기 남편과

함께 굴욕을 당했다. 이것이 복수심 때문에 자신을 타락시키고 살인을 저지른 여인이 받은 보상이었다.

하나님의 인도하심에 귀를 기울이지 않아서
하나님의 복을 누리지 못한 경험이 있는가?

**HER NAME
IS WOMAN:
LEADERS
AND
WANDERERS**

12 삽비라

사탄에게 귀를 기울인 여인
(행 4:32-5:11)

> 그리스도를 위해 자발적으로 재산을 헌납한 것은 예루살렘 교회의 독특한 특징이다. 긴 교회사를 통틀어 그때만큼 그리스도인 청지기로서의 직분과 하나님 앞에서의 개인적인 책임이 강력하게 나타난 적이 없다.
> _ 허버트 록키어(Herbert Lockyer)

누가 먼저 그 아이디어를 생각해냈을까? 아나니아일까, 삽비라일까? 가난한 사람들에게 나누어주기 위해 땅을 팔기로 결정한 사람이 과연 누구일까?

그것은 이타적이고 희생적인 놀라운 계획이었다. 얼마 전부터 예루살렘에서 일어난 움직임에 사로잡혀, 아나니아와 삽비라는 다른 사람들을 행복하게 만드는 것을 가장 큰 욕망으로 삼는 사람들과 합류했다. 훗날 그 사람들은 그들의 구세주요, 위대한 본보기이신 예수 그리스도의 이름을 따라 그리스도인이라고 불렸다(행 11:26).

그러한 움직임은 예루살렘에서 일어난 특별한 사건에서 시작되었다. 예수께서 승천하신 지 열흘 후, 예수님을 따르던 자들에게 (예언하신 대로 정확히!) 성령이 임하셨다. 그 성령은 신도들의 마음을 사로잡고 그들을 획기적으로 변화시켰다. 그들 사이에는 결코 가능할 거라 생각하지 못했던 사랑과 연합이 생겨났다. 그들이 경험한 그 관계는 이전에는 존재한 적이 없고, 후에는 잊혀진 독특한 것이었다.

초대 교회와 현대 교회의 차이점은 무엇인가?
왜 그런 차이가 생긴다고 생각하는가?

신자들은 매일 성전에서 만났다. 늘 서로를 찾으며 함께 식사했다. 그들의 생각과 대화의 중심은 언제나 하나님이었다.

당신이 그리스도인 친구들과 대화하고 사귈 때
하나님께서 어떤 역할을 하시는가?
하나님이 그 관계와 분위기에 관여하시는가,
아니면 별다른 역할을 하지 않으시는가? 왜 그렇게 생각하는가?

그와 같은 상황에서 사회적인 차이는 다소 고통스러웠다. 누군가에게 간절히 필요한 것을 어떻게 자기 혼자 누릴 수 있겠는가. 사도들이 강조하며 이야기한 예수님의 영이 그들 마음에 임하셨다. 그들이 경험한 것은 그분의 사랑이었다. 그분처럼 그들도 남을 섬기며, 남을 행복하게 해주기 원했다. 그때부터 그들은 자기 재산의 훌륭한 청지기가 되기 시작했다. 아무도 그들에게 권유하지 않았는데도 부자들이 자신들의 재산을 팔았다. 그리고 그 수입을 상호 기금으로 두고 모든 사람이 필요한 만큼 받았다.

예수 그리스도의 초대 교회는 예수님에 대한 믿음으로 연합되어 있었다. 교인들의 외적인 형편도 동등했다. 부유한 교인들이 가난한 사람들을 위해 기꺼이 자기 재산을 내놓았기 때문이다.

바나바라고도 불렸던 요셉은 그들 중에서도 특히 탁월한 사람이었다. '격려자'라는 뜻을 가진 그의 이름은 곧 그의 인격이었다. 그는 자기 소유의 땅을 팔아서 그 돈을 사도들에게 가져갔다. 모든 사람이 그가 보인 본보기에 대해 이야기하기 시작했다. 교회는 늘 영적으로 생각했고, 교인들은 이 땅에서 누리는 재산의 상대적이고 일시적인 가치를 분명하게 알고 있었다. 주님은 사람이 자기가 가진 모든 것을 포기하지 않으면 그분의 제자가 될 수 없다고 말씀하셨다(눅 14:33). 그들은 무엇보다 하나님의 왕국에 대해 생각했으며, 그리스도인들은 하나님께서 돌보신다는 것을 확신했다(마 6:33). 또한 예수님은 그분과 복음을 위해 친족이나 가정이나 재산을 버린 자들은 100배나 되돌려 받을 것이라고 분명하게 말씀하셨다(막 10:29-30).

―

헌금에 대해 어떻게 생각하는가?
교회에 헌금하거나 하지 않는 이유는 무엇인가?

―

그와 같이 경건한 기준을 따르며 살고 있던 신도들이 모든 사람에게 인기가 있는 것은 당연했고, 교회는 부활하신 예수 그리스도를 믿는 사람들로 날마다 그 수가 늘어갔다(행 2:43-47). 당시에 일어난 여러 가지 놀라운 이적은 아나니아와 삽비라를 포함한 모든 사람을 경외감으로 채웠다. 외부로부터 아무 압력이 없었으므로, 부부는 스스로의 양심에 따라 자발적으로 주위의 본보기를 따르기로 결정했다. 그들은 바나바를 비롯한 다른 사람들에게 뒤지기 싫었다. 그들이 땅을 판 돈을 드리겠다는 멋진 결정은 상호 합의하에 이루어진 일이었다.

사탄은 이러한 초대 그리스도인들의 발전에 커다란 증오심을 느꼈다. 사탄은 그들의 성장과 행복을 삭감시킬 방도를 찾고 있었다. 교회에 나오는 사람 하나하나가 사탄의 왕국에서는 커다란 손실이었기에 도저히 가만히 있을 수가 없었다(행 26:18). 사탄은 아나니아와 삽비라의 마음을 들여다보고 그들의 믿음이 바나바와 같지 않다는 것을 발견했다. 그들은 착한 일을 하기 원했지만, 한편으로는 다른 사람들에게 감동을 주고 싶어 하는 마음이 있었다.

―――

이기적인 동기로 신한 일을 한 적이 있는가?
그 결과는 어떠했는가?

―――

아나니아와 삽비라는 가난한 사람들에게만 관심이 있지 않았다. 한편으로 그들은 그들 스스로를 위한 명예와 칭찬을 바랐다. 그들의 목표에는 영적이지 못한 면이 있었다. 그들은 원래의 자신들보다 겉으로 더 낫게 보이기 원했다. 아마도 그들이 재산을 드리기로 결정한 후부터 조금씩 두려움이 스며들었을 것이다. 그들이 나이를 더 먹게 되면 관심도 덜 받게 되고 미래도 불확실해질 것이기 때문이다.

목적이 무엇이었든, 그들은 땅을 판 돈의 일부를 자신들을 위해 따로 감추어두고, 다 내놓은 체하기로 합의했다. 그러지 않으면 사람들은 자기들을 바나바만큼 높이 평가해주지 않을 것이 분명했다. 아나니아와 삽비라는 자신들이 잘 결정했다 여기며 목숨을 걸고 그 계획을 수행했다. 하지만 베드로는 아나니아에게서 돈을 받았을 때 그들이 속이고 있다는 것을 알았다. 그래서 다음과 같이 예사롭지 않은 인사를 던졌다. "아나니아야, 어찌하여 사탄이 네 마음에 가득하여 네가 성령을 속이고 땅 값 얼마를 감추었느냐?"(행 5:3) 베드로의 말은 속임수의 범위와 심각성을 드러냈다. 아나니아는 사탄이 자기 마음을 지배하도록 허용했다. 이 땅 최초의 부부 아담과 하와처럼, 아나니아와 삽비라는 스스로를 굴복시키고 사탄에게 속아 넘어갔다(창 3:1-8). 언제나 그랬던 것처럼 사탄은 하나님의 역사를 파괴하려 했다.

베드로는 성령을 속이는 것은 곧 하나님을 속이는 것이라 여기며 아나니아에게 다음과 같이 말했다. "땅을 팔든 안 팔든 네 마음이다. 그리고 얼마를 낼지 결정하는 것도 네 마음이다. 어떻게 이런 일을 할 수 있느냐? 너는 우리를 속이는 것이 아니라 하나님을 속이고 있는 것이다!"(행 5:4 참조) 그 말과 함께 아나니아는 그 자리에서 즉시 죽어 넘어졌다. 그의 헌물이 많지 않았기 때문에 정죄받은 것이 아니라 부정직함 때문이었다. 이중성과 거짓말 때문에 그의 선행은 무효가 되었다. 무엇보다 그는 하나님을 속였으며, 가난한 자들도 속이려 했다. 그의 결정은 하나님의 거룩하심을 저울질했고, 속임수를 통해 하나님을 불명예스럽게 했다. 그 대가로 그의 생명이 지불되었다.

하나님께 거짓말을 한 적이 있는가?
없다면 그것이 어떤 모습일 것 같은가?
이 본문에서 무엇을 배울 수 있는가?

아나니아와 삽비라가 놓친 엄청난 것은 바로 거룩하신 하나님이다. 그분은 소멸하는 불이시다(히 12:29). 어떤 피조물도 하나님 앞에서 숨을 수 없으며, 모든 것이 하나님 눈앞에 벌거벗은 것같이 드러난다(히 4:13). 그것은 아나니아와 삽비라의 행위에도 적용되었다. 그들 역시 하나님 앞에서 자기 행동에 책임을 져야 했다. 하나님께서 긍휼하심 대신 공의를 행사하신다면 누가 그 앞에 설 수 있겠는가?

그곳에 있던 사람들은 크게 놀라며, 젊은이들이 아나니아의 시체를 즉시 장사 지내기 위해 메고 나가는 것을 지켜보았다.

예루살렘은 작은 곳이다. 어느 곳에서나 조금만 걸으면 성전 광장에 이른다. 3시간쯤 뒤, 남편이 집으로 돌아오지 않자 삽비라는 무슨 일인지 알아보기 위해 집을 나섰다. 그녀가 베드로를 비롯한 사도들과 함께 이야기하려고 방으로 들어올 때까지 사람들은 조금 전에 일어난 그 끔찍한 사건에 대해 생각하고 있었다. 멀리서 아나니아의 장례를 치르고 돌아오는 젊은이들의 발자국 소리가 들렸.

삽비라는 방 안에 가득 찬 그 긴장감을 알아차렸을까? 그 분위기를 느끼고 자기 남편이 어디 있냐고 감히 묻지 못했던 것일까?

아무도 그녀에게 일어난 사건에 대해 말해주지 않았다. 그녀 역시 남편이 실패한 시험대에 서야 했다. 베드로는 삽비라와 대화를 시작했다. "내게 말하라. 너희가 판 땅 값이 이것뿐이냐?"(행 5:8 참조)

하나님께서는 삽비라에게 두 번째 기회를 주셨다. 그녀는 이미 자기 남편과 함께 하나님과 하나님의 사도들에게 정직하게 나아갈 첫 번째 기회를 놓쳤다. 그러나 삽비라는 자신이 여전히 사탄의 세력 안에 있음을 보여주며 힘 있고 짧은 목소리로 주저함 없이 대답했다. "예, 이것뿐입니다"(행 5:8 참조). 그 말을 들은 베드로는 그녀를 심하게 꾸짖었다. "너와 네 남편이 어찌하여 함께 공모해서 하나님의 영을 시험하려고 하느냐?"(행 5:9 참조)

아나니아와 삽비라가 지은 죄가 지닌 두려운 사실은 그것이 사전 모의였다는 것이다. 그들은 자기들이 하려는 일을 잘 알고 있었다. 죄가 그들을 갑자기 사로잡은 것이 아니었다. 그들은 고의적으로 죄를 지었다. 때문에 삽비라 역시 자기 죄로 인해 죽었다.

고의적인 죄를 피할 수 있는 방법은 무엇인가?

그 사이 아나니아의 장사를 지낸 젊은이들이 돌아왔다. 이제 삽비라를 장사할 차례였다. 삽비라는 참으로 깊은 인상을 남긴다. 물론 그것은 긍정적인 것이 아니다. 그녀는 자기가 죽은 이유를 들은 그리스도인과 교회 밖의 모든 사람에게 두려움과 놀람과 당황스러운 기억을 남겼다. 삽비라라는 이름은 '사파이어'라는 뜻이다. 하지만 그녀가 줄 수 있는 유일한 광채는 무시무시한 경고의 광채뿐이었다.

**HER NAME
IS WOMAN:
LEADERS
AND
WANDERERS**

13

미리암

자신을 과대평가했던 지도자
(출 15:19-21; 민 12:1-15, 20:1)

하나님이여 나를 살피사 내 마음을 아시며 나를 시험하사 내 뜻을 아옵소서.
내게 무슨 악한 행위가 있나 보시고 나를 영원한 길로 인도하소서.
_ 다윗(시 139:23–24)

    미리암은 똑똑한 아이였다. 미리암의 어머니가 어린 동생의 생명이 달린 중대한 일을 그녀에게 선뜻 맡길 정도였다. 그녀는 용감하고 재치 있게 자기 임무를 완성해서 히브리 여인인 자기 어머니를 애굽 공주와 만나게 했다. 그렇게 구출된 어린 동생은 훗날 그들의 가족과 하나님의 백성에게 덕을 끼치게 되었다(출 2:1-10). 그 아이는 바로 옛 언약의 중개자요 하나님과 대면해서 이야기했던 선지자 모세다.

    어른이 된 미리암은 여전히 능력 있는 여인이었다. 그녀의 인격은 믿음의 가정에서 형성되었다. 그녀의 부모는 아들의 생명을 구하기 위해 포악한 왕의 명령을 거스를 만큼 용기와 사랑과 현명함을 지니고 있었다. 그녀의 부모인 아므람과 요게벳, 그리고 그녀의 가족은 매우 특별한 존재였다. 그 가정에서 동시에 이스라엘 민족을 섬긴 세

명의 위대한 지도자, 즉 모세, 아론, 미리암이 배출되었기 때문이다.

훗날 하나님께서는 미가 선지자를 통해 다음과 같이 선포하셨다. "내가 너를 애굽 땅에서 인도해내어 종노릇하는 집에서 속량하였고 모세와 아론과 미리암을 보냈느니라"(미 6:4). 모세가 말썽 많은 자기 민족을 애굽에서 가나안으로 인도해낼 때, 그는 대제사장인 그의 형 아론과 선지자인 누이 미리암의 도움을 받았다.

미리암은 모세와 늘 동행하는 누이일 뿐 아니라 지도자의 책임을 가진 동역자였다. 독신인 그녀는 특별한 일을 위해 하나님의 부르심을 받았다. 그녀는 최초의 여선지자, 즉 하나님의 대언자가 되는 특권을 가지고 말과 행동으로 하나님의 위대하심을 선포했다. 그녀의 삶은 하나님과 그분의 백성을 사랑하는 것으로 이루어졌다. 이스라엘에 많은 여인이 있었지만 미리암은 오직 한 사람뿐이었다. 하나님은 그녀에게 높은 지위를 맡기셨다. 민족 전체가 그녀에게 의존했고, 그녀는 그 일에 전적으로 헌신하며 생애 최고의 만족을 얻었다.

―

하나님께서 당신에게 주신 은사는 무엇인가?
그 은사들을 어떻게 사용하고 있는가?
혹시 다른 방법으로 사용하라고 하나님이 신호를 보내시지는 않는가?

―

홍해의 이적이 군중들의 간담을 서늘케 했던 때, 그녀는 100세에 가까운 나이였다. 하나님의 백성에게는 구원을 가져온 물이 하나님의 원수에게는 멸망을 가져온 엄청난 사건이었다. 그 일을 두고 모세는 백성들과 함께 "내가 여호와를 찬송하리니 그는 높고 영화로우심이요 말과 그 탄 자를 바다에 던지셨음이로다"(출 15:1)라고 하나님을 찬송했다.

남자들이 즐거운 노래를 시작하자 여인들이 노래를 이었다. 그날부터 이스라엘은 미리암 때문에 이 이례적인 승리에 대해 언제나 노래를 부르게 되었다. 그녀가 첫 줄을 불렀다. 나이가 많았지만 그녀는 정력이 넘치고 젊었다. 그녀는 손에 소고를 잡고 모세의 노래를 이어받았다. 여자들에게 "여호와를 찬송하라. 그는 높고 영화로우심이요"라고 즐겁게 외치며 춤을 추라고 격려했다(출 15:20).

―――

하나님께서 큰일을 행하실 때 당신은 어떻게 찬양하는가?
다른 사람들도 찬양하도록 고무시키는가?

―――

미리암은 타고난 지도자였다. 여인들은 즉시 그녀를 따랐다. 그리고 비록 미래를 예견한 것은 아니지만, 그들의 노래는 긴 광야생활의 원동력이 되었다. 노래를 부르면서 걸으면 더 잘 걸을 수 있었고, 덜 지루했다. 백성들의 불순종 때문에 여행은 오랫동안 계속되었으므로, 하나님의 신실하심으로 서로를 격려해야 했다. 그들은 "말과 그 탄 자를 바다에 던지셨음이로다."라고 노래하며 새로운 용기를 얻었다. 그러나 미리암에게 치명적인 자기 교만이 찾아왔다.

그녀는 강한 여인이었다. 그녀에게는 지도력이 매우 쉽게 발휘되었다. 그리고 언제나 그렇듯 바로 그 강점이 약점이 되었다. 사람들은 환경이 내적 인격을 드러낸다고 말한다. 미리암의 내적 인격을 드러낸 환경은 모세가 구스 여인과 두 번째 결혼을 했을 때였다.

어떤 식으로 당신의 강점이 약점으로 변하는가?
하나님께서 그 약점과 어떻게 싸우라고 인도하시는가?

미리암이 그 사실을 받아들이기 어려워한 것은 충분히 이해된다. 하나님의 사람인 모세가 다른 민족의 여인과 결혼한다는 것은 이상한 일이었다. 혹 그녀가(자신이 미혼이었기 때문에) 단순히 모세의 삶에 또 다른 여인이 출현한 것에 민감하게 반응한 걸까? 더 적합한 이스라엘 여인이 많은데도 모세가 이방 여인을 선택한 사실에 분개했던 걸까? 이와 같은 의문에 대해 성경은 아무런 답을 제시하지 않는다.

이스라엘의 위대한 지도자 모세는 미리암의 동생이었고, 그녀는 동생을 염려했다. 그녀는 이 결혼이 백성들에게 어떤 영향을 미칠까 생각했다. 당시에는 가족들이 결혼 문제를 함께 결정했기 때문이다. 그러한 관점으로 본다면 그녀의 염려는 성숙한 여인이 보일 수 있는 정당한 영적 반응이었다. 그러나 실상은 그런 것과 거리가 멀었다.

미리암은 여자로서 최고의 지위에 올랐으며 위대한 두 남자 지도자와 동등하게 하나님께 지명되었다. 그래서 스스로를 과대평가했다. 자신이 모세와 같은 수준이라고 자만하며 모세의 권위를 염두에 두지 않았다. 그녀는 이렇게 질문했다. "그가 참으로 우리 셋 가운데 지도자였던가? 미리암과 아론은 그와 동등하지 않았던가?"(민 12:2)

당신 위에 있는 권위자가 당신이 동의하지 않는 결정을 했을 때
어떻게 반응하는가?
하나님께서 당신이 동의할 수 없는 일을 보이실 땐 어떻게 반응하는가?

미리암의 동기는 백성이나 모세의 행복을 위한 관심이 아니라 질투심에서 비롯된 것이었다. 세 사람 중 가장 유순했던 아론은 지배적인 자기 누이를 제지하지 못하고 그녀에게 동조하고 말았다. 미리암과 아론은 함께 모세의 권위를 빼앗으려 했다. 그렇게 함으로써 그들은 민족 전체의 연합과 장래를 위기로 몰아넣었다. 뿐만 아니라 그들은 하나님의 직접적인 계시에 대한 방해까지 시도했다. 모든 사람의 행복을 생각하는 대신 이기적인 마음을 품었다(빌 2:3-4).

궁색한 이유를 내세우며 당신의 영향력을 행사한 적이 있는가?
하나님께서 그것을 어떻게 바로잡으셨는가?

하나님께서는 자기 자신을 남에게 주라고 인간을 창조하셨다. 누구든지 그렇게 할 때 가장 큰 행복을 경험하며 시야가 넓어진다. 반면 이기적으로 받기만 바랄 때, 즉 자기 자신만 생각할 때 삶은 빈약해지고 여러 한계에 부딪힌다.

모세는 잠자코 있었다. 자신을 방어하려는 욕망을 조금도 보이지 않았다. 모세의 권리를 방어해주시는 분은 따로 계셨고, 그것은 미리

암과 아론에게 두려운 일이었다. 하늘에 계신 하나님께서 이 땅에서 무슨 일이 일어나고 있는지 듣고, 알고, 보셨기 때문이다. 하나님께서는 즉시 모세의 지도력에 대한 반항을 중지시키셨고, 반항한 자들에게 벌을 내리셨다. 혼비백산하여 떨며 아론과 미리암은 하나님 앞에 불려나가 무릎을 꿇었다. 그들은 하나님께서 그 사태를 어떻게 판단하시는지에 대해 들었다. 모세는 겨룰 자 없는 지도자일 뿐 아니라 모든 선지자보다 높은 위치에 있는 자라는 말씀이었다.

하나님께서는 모세를 하나님과 그분의 백성들 사이의 중보자로 세우셨다. 모세를 매우 존중하셨기에, 막연한 수수께끼나 분명치 않은 꿈으로 그와 말씀하지 않으셨다. 즉 그분은 사람이 친구에게 하듯 공개적으로, 분명하게 모세에게 말씀하셨다(출 33:11). 그런데 미리암과 아론은 하나님께서 높이 존중하시는 그를 공격하고 말았다. 하나님께서 경건한 공의와 권위로 책임을 물으셨을 때, 그들은 변명할 말이 없었다. 결국 그들은 모세를 해롭게 한 것이 아니라 사신들에게 해를 끼쳤다. 하나님께서 지명하신 중보자 모세는 장차 오실 구세주를 상징했다. 따라서 모세를 배척한다는 것은 사실상 메시아를 배척하는 것이었다. 그것이 사태를 그토록 심각하게 만들었던 이유다.

―

당신은 하나님께서 교회에 세우신 지도자들을 존중하는가?
그 마음을 어떻게 표현하는가?
존중하지 않는다면 그 이유는 성경적인가, 아니면 주관적인가?

―

하나님께서 분노하시며 그들을 떠나셨을 때, 미리암은 한센병자가 되었다. 그것은 환자의 힘을 서서히 파괴시키는 가장 끔찍한 병이다. 한센병은 환자를 움직이는 송장으로 격하시킨다. 하나님께서는 그녀에게 한센병을 내리심으로써 그녀의 명예를 깎아내리셨다.

수년 동안 무리 가운데 앞장서서 노래하며 다른 여인들에게 하나님을 찬양하도록 격려했던 여인이 이제 지도자의 대열에서 쫓겨났다. 한때 그토록 청청하게 하나님을 찬양했던 그녀의 목소리가 이제는 누가 자기에게 가까이 오려 하면 "부정하다"고 소리쳐야만 했다. 그녀 몸의 지체들은 결국 떨어져나갈 때까지 점점 더 흉측해질 것이다. 그녀는 죽을 때까지 절뚝거리며 외로운 삶을 살게 되었다.

미리암은 자기의 죄가 하나님 보시기에 얼마나 큰 것인지를 매우 고통스럽게 경험했다. 그녀의 행동은 아비가 대중 앞에서 자녀의 얼굴에 침을 뱉는 것처럼 수치스러운 일이었다. 그녀는 자신을 지나치게 높이 평가하는 사람에게 하나님께서 어떻게 벌주시는지 알 수 있도록 많은 사람 앞에서 벌을 받아야 했다(롬 12:3). 용감하고 활동적인 여인 미리암은 하나님의 저주에 대해 아무 답변할 말을 찾지 못했다.

―

지도자를 존중하지 않는 것을 죄라고 여기는가?
이에 대한 생각이 지도자들이 당신이 원하지 않는 의사 결정을 할 때
당신의 태도에 어떤 영향을 미치는가?

―

아론이 먼저 마음을 가라앉히고 자기에게 주어진 징계를 인정했다. 그리고 모세에게 말했다. "슬프도다, 내 주여." 그는 모세를 "형제"라고 부르지 않고 "내 주"라고 부르며 모세의 권위를 인정했다. "우리가 어리석은 일을 하여 죄를 지었으나 청하건대 그 벌을 우리에게 돌리지 마소서"(민 12:11). 아론은 미리암의 죄와 자신을 동일시했다. 그러나 미리암의 회복을 위해 하나님께 간청한 자는 대제사장인 그가 아닌 모세였다. 모세가 하나님의 심판을 찬성하거나, 미리암과 아론을 꾸짖었다는 기록은 찾아볼 수 없다. 그는 오직 하나님께 기도했고, 그의 기도는 미리암의 고통을 일생에서 일주일로 감해주었다.

미리암의 태도는 자신뿐 아니라 자기 민족에도 해를 끼쳤다. 그들의 여행은 그녀의 죄 때문에 지연되었다. 미리암이 다시 그들에게 들어올 때까지 민족 전체가 나아가지 못했다. 미리암이 진 밖에서 보낸 7일은 그녀에게 정신적인 양식이 되었을 것이다. 이 일을 통해 그녀는 하나님께서 그분의 지도자들을 친히 지명하신다는 것을 이해했을까? 하나님의 질서 안에서, 그분이 남을 섬기기 기뻐하는 겸손한 사람에게 지도권을 맡기신다는 것을 깨달았을까?(눅 22:24-27; 벧전 5:5-6) 그래서 좀 더 사려 깊은 사람이 되었을까? 더 정결케 되었을까?

지도자에 대한 존중심 부족으로
교회 안에서 물의를 일으키는 사람을 본 적이 있는가?
그 문제는 어떻게 해결되었는가?
그 불화가 장기적으로 어떤 영향을 미쳤는가?

성경에는 더 이상 그녀가 대적했다는 기록이 없다. 그 경험이 미리암의 장점과 유용성을 파괴시켰을까? 그녀는 예언하는 은사를 잃어버렸을까? 성경은 그렇게 말하지 않는다. 다만 그녀의 백성들이 약속한 땅에 들어가기 전에 그녀가 죽었다고 기록한다.

빌립보서 2장 3-4절과 로마서 12장 3절은 남을 비판하는 것과
자신을 과대평가하는 것에 대해 무어라 가르치는가?

미리암은 정상에 올랐던 여인이다. 그것은 하나님께서 맡기신 특별한 위치이자 사명이었다. 미리암이 그 지위를 하나님을 명예롭게 하는 데 사용한 이야기는 우리에게 도전을 준다. 그러나 미리암의 삶은 하나님의 인도하심에서 자기 주관으로 바뀌어갔다. 그것은 분명 매우 교묘하게 일어났을 것이고, 그녀는 그러한 변화를 깨닫지 못했을 것이다. 그녀가 만약 제때에 자기 마음을 살폈다면 하나님의 심판을 막을 수 있었을 것이다(고전 11:31). 그랬다면 자신을 과대평가하여 자기 영역을 넘어서는 잘못을 범하지 않았을 것이다.

당신의 삶을 정직하게 평가해보라.
당신의 행동은 하나님의 주권을 의지하는가,
아니면 자신의 주권을 의지하고 있는가? 초기에는 좋은 본을 보였지만
이후 나쁜 본을 보여준 미리암의 삶에서 무엇을 배울 수 있는가?

**HER NAME
IS WOMAN:
LEADERS
AND
WANDERERS**

14

드보라

믿음으로 충만했던 민족의 지도자
(삿 4-5장)

> 남자는 보통 지도자로서의 임무에 책임을 진다.
> 그러나 여기에 한 여인이 있다.
> 하나님께서는 언제나 일정한 틀 안에서만 역사하시지 않는다.
> 하나님은 그분의 도구로 합당한 사람을 찾으신다.
> _ 기엔 카젠

이스라엘의 상황은 우울하고 황량했다. 생활은 견딜 수 없을 만큼 불안했다. 이스르엘 골짜기로 남쪽과 동쪽으로 가는 길이 막혀 모든 무역이 마비되었다. 농사는 최소한으로 제한되었다. 농부들은 적의 기습으로 죽게 될까봐 제대로 땅을 갈지 못했다. 교통이 마비되고 거리는 한산했다. 산간 지역의 주민들은 다른 사람들보다 좀 더 자주 집 밖으로 나왔지만, 그들 역시 가능하면 좁은 골목길을 이용하려 했다. 20년 이상 땅이 정복되어 있었고, 정복자들은 백성들을 자기 손아귀에 단단히 쥐고 있었다. 젊은이들은 '자유'라는 말을 단지 부모에게 들어서 알 뿐이다. 어른들에게도 그 말은 점점 그 뜻을 기억하기 힘든 단어가 되어갔다. 주민들은 낙심하고 두려워하고 좌절했다.

하솔의 북쪽 성에 살고 있던 야빈 왕은 이스라엘을 지배하고 있었다. 그의 오른팔과 같은 군대장관 시스라는 900승의 병거를 가진 큰 군대를 지휘하고 있었다(삿 4:3). 그의 군대는 쉽사리, 그리고 매우 철저하게 전국을 짓밟고 황폐하게 만들었기 때문에 모두가 그들을 무서워했다. 그러나 그의 병거도 산간 지역에는 올라갈 수 없었다. 따라서 그 지역 사람들은 비교적 안전하게 지낼 수 있었다.

하지만 나라가 그토록 비참해진 원인은 정복한 군대가 아니라 이스라엘 백성들 때문이었다. 지도자 에훗과 삼갈 밑에서 80년 동안 번영의 시기를 보낸 뒤, 그들은 하나님께 감사하는 마음을 표현하지 않았다. 오히려 하나님으로부터 멀어지기 시작했고, 우상을 섬기게 되었다. 사실 이러한 결과는 어느 정도 예견된 일이었다. 하나님이 더 이상 필요하지 않다고 생각한 사람들은 그분에게서 점점 더 멀어진 경험이 있다(삿 4:2). 하나님께서 그들에게서 보호하심을 거두셨을 때, 그들은 적에 대항할 힘을 잃었고 평화도 사라졌다.

그러나 아직 나라 안의 모든 거리가 다 황량하지는 않았다. 한 곳은 빈번하게 행인들이 오고갔다. 에브라임 산간 지역 벧엘과 라마 사이에 있는 길은 더 많은 사람이 관목으로 둘러싸인 우뚝 선 종려나무 아래로 지나다녔다. 그 나무 아래에서는 그들의 현재 지도자인 드보라가 백성들을 재판해주고, 그들에게 삶의 방향을 제시해주었다(삿 4:4-5). 그녀는 여호수아와 사무엘 사이에 백성들을 다스리던 12명의 사사 중 유일한 여성이었다.

그녀는 백성들 사이에서 이중직을 맡고 있었다. 즉 백성들의 국가적이고 영적인 지도자로서 자신에게 주어진 의무를 능력 있게 수행하며 좋은 결과를 맺고 있었다. 파란만장한 역사 속에서 늘 그래왔던 것처럼, 괴로운 삶은 이스라엘 민족이 하나님을 찾는 계기가 되었다. 그러한 상황에서 드보라는 하나님의 도구가 되는 특권을 누렸다. 그리고 그녀의 믿음으로 일어난 사건은 역사를 바꾸어 놓았다.

드보라의 책임은 대체로 남자가 맡는 일이었다. 물론 그녀가 남자를 억누르고 사사가 된 것은 아니었다. 능력을 불의하게 사용하지도 않았다. 그녀의 지위는 하나님께서 주신 것이었고, 백성들을 하나님께로 돌이키고 적으로부터 그들을 자유케 하는 것이었다. 민족 전체가 그녀를 지도자로 인정했다. 그래서 드보라는 영적인 사건과 물질적인 사건을 재판할 때마다 백성들에게 하나님의 율법을 가르쳤다.

직장, 가정, 교회, 혹은 친구 사이에서 당신이 리더가 되었을 경우,
자격이나 지배욕으로 권한을 사용하지 않는가?
어떻게 하면 하나님의 인도하심을 구하고,
그 일을 맡기신 하나님을 인정할 수 있을까?

그녀에게 랍비돗의 아내라는 역할은 부차적인 것이었다. 곧 일어날 사건으로 그녀는 중요한 지도자가 될 것이다. 남자나 여자 할 것 없이 그 도시에 사는 모든 사람 중에서도 그녀는 각별했다. 심지어 그녀가 살던 땅의 종려나무가 훗날 그녀의 이름으로 명명될 정도였다. 그와 같이 드보라는 매우 뛰어나고 특별했다.

드보라는 늘 하나님과 동행하며 그분의 뜻에 따라 생각했고 결정했다. 그것이 그녀에게는 매우 익숙하고 만족스러웠다. 모든 일을 훌륭하게, 지적으로, 그리고 자기희생적인 인내를 가지고 해냈다.

또한 선지자 드보라는 하나님과 하나님의 백성 사이의 중보자요, 하나님 말씀의 선포자였다. 그녀는 높은 지위에 있었지만 자기 백성에게 사랑과 통찰과 지혜로 하나님의 지식을 나누어주었다. 하나님의 임재하심 가운데 거하는 사람의 잘 다듬어진 직관으로, 그녀는 압박의 굴레를 벗어날 하나님의 때가 왔다는 것을 감지했다.

―

하나님은 당신에게 어떤 상황과 관계를 주셔서
그 안에서 지혜를 나누라고 하시는가?
그 상황에서 하나님과의 관계가
당신의 태도에 어떤 영향을 주는가?

―

솔로몬은 "지혜자의 마음은 때와 판단을 분변하나니"라고 기록했다(전 8:5). 그리고 드보라는 그 말이 맞다는 것을 증명했다. 그녀는 자기 백성의 역사 가운데에서 하나님께서 행동하실 때를 분별했을 뿐 아니라 하나님께서 그들을 해방시키는 데 사용하실 방법에 대한 통찰력도 가지고 있었다.

전쟁을 앞둔 드보라는 자신이 이 전쟁에 임명되지 않았다는 것을 깨달았다. 그래서 아비노암의 아들 바락을 불러 "만 명을 모아 다볼산으로 가라"고 명령했다(삿 4:6). 수년 동안 그녀는 하나님의 일꾼으로서 자유를 위해 일했고 그것을 위해 기도했다. 그러나 이제 누군가 주도적인 역할을 해야 할 때가 왔음을 깨달았다. 드보라는 지혜와 재치를 가지고 바락에게 접근할 적당한 방법을 발견했다.

하나님께서 더 나은 사람을 준비하셔서
당신이 뒤로 물러나 있었던 상황을 생각해보라.
그 상황에서 당신은 하나님의 인도하심을 신뢰했는가,
아니면 어쩔 수 없이 통제권을 내주었는가?

그녀는 모든 권위는 위임된 것임을 깨달았다. 실제적이고 최종적인 권위를 가지신 분은 오직 하나님뿐이다. 그래서 백성들 중에서는 자신이 일인자였지만, 자신이 바락을 지배하려 하지 않았다. 자신을 바락 다음으로 놓고, 그와 함께 하나님의 인도하심을 따랐다. 그녀는 하나님과 동행하면서 자신의 욕망을 버렸고, 모든 영광을 백성들과 함께 나누었다. 다른 사람을 자기보다 더 중요하게 여겼다. 다른 사람들에게 영감을 불어넣어 줌으로써 자신의 리더십을 행사했다.

하나님의 리더십에 복종하게 되면, 우리는 하나님이 어떤 자리를
주시든(지도자든, 팀워크든, 다른 사람에게 복종하는 위치든)
감당할 능력을 가지게 된다.
이중 당신에게 가장 어려운 역할은 무엇인가?
이 부분의 성장을 위해 하나님께 복종하는 방법은 무엇인가?

이스라엘의 하나님이 그녀의 모든 동기였다. 그녀는 지난날 자기 백성을 어려움 속에서 구하셨던 전능하신 하나님이 그들을 다시 도와주시리라는 것을 단 한 순간도 의심하지 않았다.

바락에 대한 그녀의 명령은 격려이기도 했다. "그들의 숫자 때문에 두려워하지 마라. 하나님의 관점에서 볼 때 우리의 적은 이미 패배했다. 야빈의 병거와 무력은 하나님 앞에서 아무것도 아니다. 하나님이 너에게 기대하시는 것은 오직 믿음뿐이다"(삿 4:6-7 참조). 그녀는 단 두어 마디로 사태를 올바로 전망하고 바라보았다.

드보라의 재치 있고 영적인 지도력 덕분에 바락은 자유롭게 일을 수행할 수 있었다. 그것은 그가 실제보다 더 강한 자처럼 보이려는 것을 막아주었다. 그는 그녀가 자신과 함께 가준다면 하나님께서 자기의 군대를 위해 싸우실 거라 확신했다. 믿음과 용기에 있어서 바락은 그녀가 자신보다 더 낫다는 것을 인정했다. 그 경험으로 그는 히브리서 11장에 나오는 믿음의 영웅들의 대열에 시는 사람으로 성장했고(히 11:32-33), 다가오는 전쟁에서 강력한 지도자가 되었다.

당신이 더 깊은 믿음으로 들어가도록
도전을 준 영적 지도자는 누구인가?

드보라의 접근은 바락이 하나님의 영웅이 되는 데 도움이 되었고, 이후에도 두 사람 사이에는 원한이나 경쟁심이 생기지 않았다. 남자와 여자(창 1:26-28)였던 두 사람은 하나님의 명령을 함께 수행했다. 두

사람 모두 국가의 안녕을 위해 자발적으로 서로에게 굴복했다. 또한 하나님의 계획 중 일부가 헤벨의 아내 야엘이라는 여인을 통해 이루어질 것을 알고 있었다(삿 4:9).

드보라와 바락은 동역자로서의 기능을 발휘했다. 그들은 서로 도왔고 서로를 완성시켰다. 그들은 에브라임에서 야빈이 살고 있는 곳과 멀지 않은 게데스로 함께 나아갔다. 거기서 바락은 그의 군사들을 모았다. 바락과 드보라는 새로 형성된 군대의 진두에 서서 다볼산으로 함께 올라갔다. 그리고 이스르엘 광야를 가로질러 그들의 적이 진을 치고 있는 산 밑을 내려다보았다.

바락의 끊임없는 협조로, 드보라는 지도자이자 모든 결정을 내릴 책임 있는 자로 그곳에 남았다. 격전의 날이 이르자 하나님은 그녀를 통해 그분의 뜻을 나타내셨다. "일어나라." 그녀가 바락에게 말했다. "이는 여호와께서 시스라를 네 손에 넘겨주신 날이다"(삿 4:14 참조). 명령에 이어 그녀는 다음과 같이 격려했다. "여호와께서 너보다 앞서 행하시지 않느냐? 시스라를 두려워 마라. 이것은 너와 그의 싸움이 아니라 그와 하나님 사이의 싸움이다. 싸움의 결과는 시작되기도 전에 이미 결정되었다. 승리는 하나님의 것이다. 하나님이 네 편에서 싸우신다"(삿 4:14 참조).

―

하나님이 당신을 위해 싸우신다는 것을 알면
당신의 일상이 어떻게 달라지는가?

―

드보라는 바락이 만 명을 거느리고 다볼산을 질풍같이 내려가는 것을 지켜보았다. 그는 기손 강가에서 철통같은 무장으로 철 병거 뒤에 정렬한 시스라 군대와 마주쳤다. 적은 쉽게 승리할 것이라 기대했다. 그들의 적은 우스꽝스럽고 무가치한 상대 아닌가!

두 군대가 함께 오는 동안 어느 누가 하늘을 바라보았겠는가? 하늘에서는 잿빛 뇌운(雷雲)이 불길하게 우르르 울리며 움직였다. 험악한 먹구름이 다가오고 있었다. 그러다 이스라엘 민족이 광야에 이른 순간 폭풍우가 맹렬하게 쏟아졌다. 큰 비와 우박이 적군의 얼굴을 향해 떨어졌다. 순식간에 기손강은 둑을 넘어 큰 물결을 이루었다. 거세게 움직이는 물결은 군인들의 발을 진흙투성이로 만들었다. 철 병거는 꼼짝 못하게 되었고, 시스라 군대에 승리 대신 패배를 가져다주었다. 패주하는 적들은 철 병거 때문에 빨리 도망할 수도 없었다.

바락과 그의 부하들은 이 모든 일이 하나님의 손길임을 인정했다. 그들은 끝까지 적들을 추격하여 마지막 한 명까지 모두 죽여버렸다(삿 4:16). 시스라는 자기 군대가 모두 패하는 것을 보고 도망칠 기회를 틈타 숨을 곳을 찾아 달아났지만, 결국 피하지 못했다. 드보라가 예언한 것처럼 그는 야엘의 손에 쓰러졌다(삿 4:18-21).

전쟁은 끝나고, 이스라엘은 다시 자유를 얻었다. 모든 압박이 사라졌다. 드디어 삶이 제 궤도에 올랐다. 다양하고 의미 있는 삶이 시작되었다. 사람들은 새로운 목표를 세웠고 그들의 장래는 매우 밝았다.

역경을 이겨내기 어렵다는 것은 누구나 아는 사실이다. 그리고 인간은 권력을 행사해달라는 요청을 받을 때 더욱더 시험당하기 쉽다.

권력을 사용하는 것을 보며
그 사람의 인격을 파악하게 된 경험이 있는가?
그것이 당신의 삶에 어떤 교훈을 주었는가?

창조 이래 하나님께서는 결혼으로 연합된 여자와 남자에게 이 땅 위에서 하나님의 사명을 수행하라고 명하셨다. 여자와 남자가 동등하지만, 여자는 남자의 배필로 창조되었다. 즉 여자는 남자와 조화를 이룸으로써 남자를 완성시킬 수 있다.

이러한 남자와 여자 사이의 협력은 결혼을 통해 완전한 성취에 이른다. 하지만 그것은 다른 데서도 일어날 수 있다. 남자와 여자가 조화를 이루며 하나님께서 주신 사명을 감당할 때, 사회는 언제나 그 기능을 가장 훌륭하게 발휘할 수 있다. 드보라와 바락이 바로 그러한 원리를 증명했다.

남녀 파트너가 조화롭게 일하는 상황 중 당신이 경험한 것을 말해보라. 그런 파트너십이 깨진 경우도 말해보라. 둘의 차이는 무엇인가?

보통은 남자가 지도자로서 책임을 맡게 된다. 그러나 이 이야기에서는 여자가 지도자다. 하나님께서 언제나 일정한 유형으로 일하시는 것은 아니다. 그분이 택하신 방법으로, 기꺼이 도구로 사용될 사람을 찾으신다.

드보라는 자신의 능력을 부당하게 행사하지 않았다. 자기의 당연한 책임을 완수하며 살았다. 또한 그녀는 여러 가지 업무를 능력 있게 해낸 매혹적이고 재능 있는 여성이었다. 탁월한 영적 능력을 지닌 드보라는 자기 백성들에게 하나님의 율법을 가르쳤다. 모든 상황을 통찰하고 군사 작전 지침도 능숙하게 내놓았다. 그녀는 펜은 물론 검도 어떻게 사용해야 하는지 알고 있었다.

그러나 드보라는 자기의 탁월하고 뛰어나고 다재다능한 능력이 자신에게서 비롯된 것이 아님을 알고 있었다. 그 모든 힘과 능력이 하나님으로부터 위임된 것을 알았다. 그녀가 한 모든 일과 성취는 하나님에게서 나왔다. 때문에 이사야서에 등장하는 사람들은(사 40:31) 여러 가지 일에 진력함에도 불구하고 계속해서 새로운 힘이 솟아난다.

드보라의 승리의 노래는 그녀의 힘이 하나님께 있음을 증명한다. 무엇보다 그녀의 행복은 궁극적으로, 만족할 만큼 성취된 일에 근거를 두지 않는다. 그녀의 심오한 기쁨은 오직 하나님께로부터 나온 것이었다. "너희 왕들아, 들으라. 통치자들아, 귀를 기울이라. 나 곧 내가 여호와를 노래할 것이요, 이스라엘의 하나님 여호와를 찬송하리로다"(삿 5:3). 드보라와 바락의 노래는 이렇게 시작되어 다음과 같이 끝난다. "주를 사랑하는 자들은 해가 힘 있게 돋음 같게 하시옵소서"(삿 5:31).

드보라의 삶은 힘차고 빛났다. 그러한 삶을 솔로몬은 이렇게 묘사했다. "의인의 길은 돋는 햇살 같아서 크게 빛나 한낮의 광명에 이르거니와"(잠 4:18).

드보라의 서사시에서는 하나님이 첫 번째 위치를 차지하시지만, 함께한 사람들을 위해서도 많은 여지를 남겨 놓는다. 즉 승리의 한 부분을 차지하는 모든 사람(바락과 백성의 지도자들, 야엘)이 정성스럽게 언급되어 있다.

최근 삶에서 승리한 경험을 생각해보라.
그 승리를 도우신 하나님과 다른 사람들에게 어떻게 감사할 것인가?

드보라는 자신의 명예를 주장하지 않았다. 이스라엘에는 자기가 도착할 때까지 지도자가 없었다는 사실을 겸손하게 밝혔다. 그녀가 자기 자신을 어떻게 묘사했는가? 단순히 이스라엘의 어머니로 보았다. 어머니의 관심이 자녀의 안녕에 있는 것처럼, 드보라의 마음속에 있는 강한 욕구는 자기 백성들의 안녕을 위한 것이었다.

드보라는 탁월한 지도력과 특성과 아름다운 시로 인해 성경의 역사 속에서 뛰어난 여성 중 하나가 되었다. 분명 그녀는 매혹적인 삶을 살았다. 그러나 자기 성취에 우선권을 두지 않았다. 드보라의 공개된 삶의 비밀은 하나님이었다. 무엇보다 하나님께서 그녀의 삶을 완전히 주관하실 때 한 여인이 무엇을 할 수 있는지 보여주었다. 하나님에 대한 믿음을 통해 영감을 받기 원하는 민족의 지도자에게는 여러 가지 가능성이 있다.

**HER NAME
IS WOMAN:
LEADERS
AND
WANDERERS**

15 아비가일

하나님의 종의 양심을 지켜준 여인
(삼상 25장)

여성의 내적 아름다움은
대체로 그녀와 하나님과의 관계에 달려 있다.
_ 유지니아 프라이스

그녀의 두 손은 빠르게 움직였다. 그녀의 생각은 더 빨리 달렸다. 사태가 심각하다는 것을 알긴 했지만 아비가일은 당황하거나 초조해하지 않았다. 그녀는 조용히 자기 계획을 이행했다. 시간이 촉박하여 1초도 잃어버리면 안 된다는 것을 잊지 않았다.

조금 전에 들은 하인의 말이 계속 귓가에 울렸다. "마님, 이제 어떻게 할지 생각하셔야 합니다. 주인과 우리 모두에게 큰 환난이 올지 모르니까요. 주인은 난폭한 분이라 아무 말도 할 수 없습니다. 그래서 당신께 온 것입니다"(삼상 25:17 참조).

사태가 극도로 심각했기에 아비가일은 모든 일을 직접 했다(삼상 25:1-22). 그토록 무거운 책임을 하인들에게 맡길 수 없었다.

그녀는 재빨리, 그리고 정확하게 생각했다. 광야에 있는 600명의 굶주린 장정들의 배고픔을 달래려면 무엇이 필요할까?

생각한 결과 그녀는 모든 사람을 만족시키기에 충분한 식량을 모아서 상당한 양의 음식을 마련했다. 가장 필수적인 떡과 고기는 물론 볶은 곡식과 건포도 백 송이와 맛있는 무화과 이백 뭉치와 포도주 두 가죽 부대를 쌌다(삼상 25:18). 그녀는 그 사람들을 푸짐하게 대접하기 원했고, 그들의 기분을 즐겁게 하고 싶었다.

짧은 시간이었지만 모든 것이 효과적으로 마련되었다. 그녀는 하인들에게 말했다. "나를 앞서 가라. 나는 너희 뒤에 가리라"(삼상 25:19).

그것은 심리적인 기술이었다. 덕분에 아비가일의 하인은 그녀가 도착하기 전에 일을 시작할 수 있었다.

술에 취해 멍해진 남편에게 자기 말이 통하지 않을 거라 생각한 아비가일은 자신의 계획을 남편에게 알리지 않았다.

나발은 연례행사인 양털 깎기를 축하하기 위해 큰 잔치를 마련했다. 그는 양 삼천 마리와 염소 천 마리를 소유한 큰 부자였다. 양털은 가나안 문화권에서 중요한 필수품이었기 때문에 양털 깎는 일 역시 매우 중요했다.

광대한 작업을 마친 뒤 나발은 털 깎는 자들, 그 일을 위해 특별히 고용된 숙련자들에게 음식을 대접했다. 식탁 앞에서 제일 시끄러운 자는 나발 자신이었다.

아비가일의 남편은 위대한 사람 갈렙의 후손이다(삼상 25:3; 민 14:6-10, 24). 그러나 그는 어느 면으로도 하나님에 대한 경외심과 통찰력과 용기가 뛰어났던, 빛나는 조상을 닮지 않았다. '어리석은 자'라는 뜻의 이름을 가진 나발은 꼭 그 이름과 같은 사람이었다. 쉽게 말해 거칠고, 눈치 없고, 합리적으로 이야기하지 못하는 자였다.

당신의 가족사를 살펴보라.
어떤 영적 유산(전통)이 있는가?
그 유산(전통)을 유지하거나 고치기 위해 무엇을 하고 있는가?

그것이 바로 다윗이 심부름꾼을 통해 나발에게 자기와 자기 부하 600명을 위한 식량을 요청했을 때 경험한 일이었다. 나발의 양털 깎는 자들이 일하는 동안, 다윗과 그의 부하들이 양 주위에 서서 도둑과 떠돌아다니는 유목민들을 막아주었기 때문에 그것은 당연한 요청이었다. 오늘날에도 아랍의 어떤 족장이든 그러한 요청을 할 수 있으며, 거절당하지 않는다.

다윗은 점잖게 요청했다. 그는 나발에게 복종하는 태도로 나아갔으며, 마치 아들이 아비에게 말하듯 했다.

다윗의 재치 있는 접근에도 불구하고 나발의 반응은 무례하고 모욕적이었다. "다윗은 누구며 이새의 아들은 누구냐?" 하며 코웃음을 쳤다. 그리고 "요즈음에 각기 주인에게서 억지로 떠나는 종이 많도다. 내가 어찌 내 떡과 물과 내 양털 깎는 자를 위하여 잡은 고기를 가져다가 어디서 왔는지도 알지 못하는 자들에게 주겠느냐!"(삼상 25:10-11)라고 말했다.

누군가 당신에게 부탁한 것을 들어주고 싶지 않을 때 어떻게 하는가?
그 반응은 당신이 소중히 여기는 것에 대해 무엇을 보여주는가?

그 대답은 나라 전역에 걸쳐 인기가 있었던 다윗에게 굉장히 모욕적이었다.

이스라엘 모든 성에서 나온 여인들이 그의 승리를 노래했으며(삼상 18:6-7), 그는 이미 다음 왕으로 지명된 사람이었다. 나발의 종들까지도 그가 도와준 것과 그의 부하들을 훈련시킨 방법을 칭찬했다(삼상 25:15-16).

그는 생존 수단이 별로 없었던 자기 군인들을 조직하고, 자기 명령대로 움직이게 하면서, 신중하고 강한 지도력을 발휘했다.

그러한 사실에도 불구하고 나발은 다윗을 시시한 사람으로, 그의 요구를 신중하게 받아들일 필요 없는 폭도처럼 취급했다.

다윗은 그와 같이 모욕적인 처사에 대해 분노를 터뜨렸다. 불과 얼마 전에 그는 자기를 죽이려 했던 사울에게 복수하기를 거절하고 그 일을 하나님의 심판에 맡겼었다(삼상 24:5-7). 모욕하고 저주하던 거인 골리앗과의 싸움에서도 그는 오직 하나님의 이름만을 생각했다(삼상 17:45-47).

훗날 역사에서 "하나님의 마음에 합한 사람"(행 13:22)이라고 알려진 다윗이었지만 그와 같은 모욕은 참을 수 없었다. 그래서 그는 즉각적으로 복수를 감행하려 했다.

**사무엘상 24장과 17장, 사무엘하 16장 1-13절을 읽으라.
이 본문에 나타난 반응과
다윗이 나발에게 보인 반응이 다른 이유는 무엇인가?**

다윗은 부하들에게 명령했다. "너희는 각기 칼을 차라. 내가 그에게 속한 남자 한 사람도 아침까지 남겨두지 않으리라"(삼상 25:13, 22 참조). 나발의 모욕에 대한 복수를 감행하기 위해 다윗은 400명의 부하와 함께 길을 떠났다.

한편 아비가일은 나귀를 타고 다윗을 만나러 오는 길이었다. 종의 충고에 귀 기울일 만큼 겸손한 여인 아비가일은 다윗의 분노에 직면할 만한 인품과 용기를 지니고 있었다. 그녀는 명랑했고 매력적이었으며 총명했고 지혜로웠다. 그녀의 이름은 '나의 하나님 아버지께서 기쁨을 주신다'는 뜻이었지만, 그것은 나발과의 결혼에 매여 있는 그녀의 현재 상황을 반영하지 못했다. 이것은 다만 믿음이 있는 민감한 여인과 어리석고 비인간적인 남자가 함께 사는 삶이 어떠했는지를 희미하게나마 짐작하게 할 뿐이다.

**당신이 현재 어려움을 겪고 있는 파트너 관계(배우자나 동료 등)를
생각해보라. 이 상황에서 당신은 어떻게 하나님의 성품을 반영하는가?**

자기 남편이 깨뜨려버린 조각들을 아비가일이 한데 붙인 것이 그

날이 처음은 아닐 것이다. 그녀가 다윗을 만났을 때 한 말들이 그것을 증명해준다. 아비가일은 다윗에게 "전적으로 저의 잘못입니다"라고 말했다. "여종은 내 주께서 보내신 소년들을 보지 못하였나이다"(삼상 25:25). 다른 말로 하면 그녀는 이렇게 말하고 있는 것이다. "제가 그들을 보았다면 이런 문제가 일어나지 않도록 막았을 것입니다."

아비가일의 태도는 재치 있고 감동적이다. 비록 솔직하게 자기 남편을 불량하고 어리석은 자라고 불렀지만, 그녀는 잘못을 인정하는 데 있어서 자신과 그를 동일시했다. 그녀의 태도와 행동은 하나님의 왕국에 있는 위대한 사람들과 똑같은 행동 원리를 따르고 있었다.

당신이 처한 어려운 상황을 생각해보라.
이 상황에서 겸손과 지혜로 진실을 말한다면 어떻게 해야 할까?

이를테면 느헤미야(느 1:4-11)와 다니엘(단 9:3-19)이 하나님께 불순종하고 있던 유대 백성들의 죄와 자신을 동일시했던 것과 같다. 아비가일은 나발의 죄에 대해 용서를 구하지 않았다. 오직 자기를 용서해달라고 요청했다. 그러한 아비가일의 말과 태도는 다윗을 감동시켰다. 두 무리가 길에서 만났을 때, 아비가일은 다윗을 보자마자 얼른 나귀에서 내렸다. 그리고 존경의 태도로 그 앞에 엎드려 절했다. 남편에게 무가치한 자로 무시되었던 장차 이스라엘의 왕이요, 하나님의 종이 그녀를 통해 명예를 회복했다. 나발이 물조차 주려 하지 않았던 사람이 그의 아내가 제공한 포도주를 마셨다.

> 세상이 존경하지 않는 사람에게
> 당신은 어떻게 존경과 존중을 표현하는가?

솔로몬은 선물이 사람의 길을 너그럽게 하며 존귀한 자 앞으로 인도한다고 했다(잠 18:16). 아비가일은 그 교훈을 경험했다. 그녀가 다윗에게 준 선물은 그의 마음을 부드럽게 하고 그의 분노를 가라앉혔다. 그리고 그녀의 등장과 말로 나머지 부분을 해결할 수 있었다.

> 어려운 대화를 시작하기 전에
> 상대방의 마음을 부드럽게 하는 것에 대해 생각해보라.
> 이것을 당신의 삶에서 어떻게 적용할 수 있는가?

그녀의 말에 나타난 각별한 지혜와 통찰은 신약성경에서 야고보가 "위로부터 난 지혜"라고 한 말로 묘사할 수 있다. 그와 같은 지혜는 "첫째, 성결하고 다음에 화평하고, 관용하고, 양순하며, 긍휼과 선한 열매가 가득하고 편벽과 거짓이 없다"(약 3:17 참조).

아비가일의 행동에서 가장 감동적인 것은 가식이 전혀 없었다는 것이다. 그녀는 실제로 자기의 있는 그대로를 보였다. 그녀가 사태에 대해 철저하게 숙고할 만한 시간적인 여유가 있는 상황이 아니었다. 힘이나 용기나 지혜를 모을 시간이 없었다. 지적, 영적인 허세를 부릴 시간이 없었다. 그녀는 자신의 본래 모습과 다른 모습을 꾸밀 수 없었다. 인생의 폭풍우는 한 사람의 내면을 제외한 모든 뚜껑을 날려 버리기 때문이다. 그래서 누군가의 즉각적인 반응이 사실상 그의 본래의 모습이다.

그것은 바로 거룩하신 하나님을 향한 아비가일의 태도였다. 하나님 앞에서 그녀의 마음은 떨렸다. 그녀는 무엇보다 하나님을 사랑했으며, 인간은 다른 어떤 것보다 하나님을 추구해야 한다고 확신했다. 그녀는 누구도 하나님을 속일 수 없다는 사실을 알고 있었다. 하나님은 결코 속지 않으시며, 감히 그런 시도를 한 인간은 고통스러운 결말을 맞게 될 것이다.

하나님을 향한 당신의 태도가 당신의 정체성을 드러내는가?
만일 당신이 사람들에게 거짓된 모습을 보여주고 있다면
왜 그렇게 하는 것인가?
어떻게 해야 좀 더 진실하게 살 수 있는가?

하나님께서는 다윗을 풍성하게 축복해주셨다. 다윗과 대면한 그녀는 다윗에게 이미 주어진 축복이 주께서 미래의 왕을 위해 남겨두신 축복에 비하면 매우 작은 것이라는 사실을 알았다. 아비가일은 하나님에 대한 그녀의 깊은 존경으로부터 하나님의 종에 대한 사랑을 느꼈다. 그녀의 사랑은 순결했고 진지했으며 자발적이었다. 하나님께 의존하며 아비가일은 자신에 대해서도 올바른 태도를 지녔다. 그녀는 이기적이지 않고 정숙했으며 자기 비애를 갖지 않았다.

> 솔로몬은 지혜로워지는 것에 대해 많은 이야기를 한다(잠 1:7, 2:1-6, 9:10).
> 지혜를 얻는 데 필요한 과정은 무엇인가?

비록 나발과 그 부하들의 목숨을 구하려고 재치 있게 행동한 것이지만, 그녀는 좀 더 깊은 동기에 이끌린 듯했다. 그러한 상황에서 그녀는 복수하려는 욕망으로 위협받는 사람들에 대해 생각했다. 분노에 가득 찬 다윗과 그의 부하들은 두고두고 후회할 죄를 범하려 했다. 그 죄는 돌이킬 수 없을 것이다. 남은 일생 동안 무거운 짐이 그들의 양심을 누를 것이다. 무죄한 자와 유죄한 자의 피가 그들의 손에 남을 것이다.

아비가일은 다윗에게 그가 누리고 있는 하나님의 은혜와 그가 경험하고 있는 특별한 보호를 상기시켰다. 그녀는 다윗이 하나님의 축복 아래, 장차 이스라엘의 왕이 될 미래의 특권에 주의를 기울이게 했다.

다윗의 이름은 하나님의 이름과 연결되어 있었다. 나발은 다윗을 배척함으로써 하나님의 이름을 욕되게 한 것이다. 그러나 장래의 왕 역시 그 이름에 지울 수 없는 불명예를 남기려는 찰나였다. 피에 대한 성급한 갈증으로 그는 자기 권리를 스스로 찾으려 했으며, 무죄한 사람들의 피를 흘리려고 했다.

아비가일은 하나님께서 그분이 기름 부으신 자를 무례하게 대한 것 때문에 나발에게 벌을 내리실 거라 확신했다. 그러나 하나님의 심판에 다윗이 필요하지는 않으실 것이라 생각했다. 그녀는 다윗을 비난하지 않았다. 대신 "여호와께서 살아계심을 두고"라는 말로 탄원을 시작하며 그의 성급한 결정의 결과를 표현했을 뿐이다(삼상 25:26). 시인인 다윗이 그녀의 말솜씨에 매혹될 만큼, 그녀는 자연스러운 말로 탄원했다.

> 당신은 다른 신자들이 죄에 빠지려 할 때 개입하는가?
> 아비가일의 행동과 관점에서 무엇을 배울 수 있는가?

아비가일은 하나님 중심이었다. 그녀는 하나님을 첫 번째로 생각했으며, 자기가 하는 모든 말로 하나님을 예증했다. 그녀는 자기 남편과 일꾼들의 목숨만 생각하지 않았다. 다윗의 명성까지 염려했다. 그녀는 하나님께서 그를 위해 세워 놓으신 장래의 계획에 비추어 사물을 보았다.

따라서 그녀의 탄원은 다윗에게 가장 좋은 것을 기반으로 한 것이지, 자신의 이익을 기반으로 한 것이 아니었다. 그녀를 움직이게 한 원동력은 다윗이라는 한 사람에 대한 사랑이었다.

결국 아비가일이 원했던 일이 일어났다. 다윗의 양심이 일깨워진 것이다. 하나님의 성품과 주권적인 능력을 기반으로 한 그녀의 청원은 다윗을 무장 해제시켰다. "오늘날 너를 보내어 나를 영접하게 하신 이스라엘의 하나님 여호와를 찬송할지로다!" 다윗이 외쳤다. "또 네 지혜를 칭찬할지며 또 네게 복이 있을지로다. 오늘 내가 피를 흘릴 것과 친히 복수하는 것을 네가 막았느니라. 나를 막아 너를 해하지 않게 하신 이스라엘의 하나님 여호와의 살아계심을 두고 맹세하노니, 네가 급히 와서 나를 영접하지 아니하였더면 밝는 아침에는 과연 나발에게 한 남자도 남겨두지 아니하였으리라"(삼상 25:32-34).

이러한 말로 다윗은 자기 양심을 지켜주고, 그가 죄를 짓고 후회할 것을 막아준 여인에게 감사했다. 문제에 대한 그녀의 직접적이고 영적인 접근 덕분에 그는 자신의 생각에 얼마나 짙은 구름이 덮여 있었으며, 자신의 어려움을 핑계로 얼마나 자기중심적이었는지 발견했다. 그 여인을 통해 다윗은 자신이 범할 뻔한 끔찍한 실수를 방지해 주신 하나님에 대해 올바른 관점을 재정립했다.

다윗의 행동이 멀리까지 영향을 미치리라는 것을 깨달은 아비가일은 지혜와 통찰력을 가지고 행동했다. 그녀는 한 사람이 살인자가 되는 것을 방지했을 뿐 아니라 장래 왕의 명성도 구출했다.

덕분에 후세대가 예수 그리스도를 "다윗의 아들"이라고 부를 만큼 높이 존경받을 사람 다윗은 자존심을 잃지 않았다. 그는 자기의 분노를 정복했고, 자제력을 통해 성(城)을 정복하는 것보다 더 큰 승리를 얻었다(잠 16:32).

그러나 무엇보다 중요한 것은 다윗이 여호와께 죄를 범하지 않았다는 것이다. 그는 하나님께서 슬퍼하실 일을 저지르지 않았다. 하나님의 적들은 하나님의 거룩하신 이름을 중상모략할 기회를 얻지 못했다. "네 집으로 평안히 올라가라. 내가 네 말을 듣고 네 청을 허락하노라"(삼상 25:35).

―

**당신의 행동 중 하나님의 원수들이 그분의 이름을
모독할 기회를 준 것이 있는가?
앞으로의 결정에 그 관점을 적용할 수 있는 방법은 무엇인가?**

―

아비가일은 사태를 정확히 파악했다. 분명 나발에게 불리한 상황이었다. 다음 날 아침 아내로부터 그 전날 무슨 일이 일어났는지 들은 나발은 격분과 경악으로 타격을 받았다. 그렇게 하나님을 비웃고도 벌을 받지 않을 사람은 아무도 없다는 교훈을 몸으로 체험한 뒤, 10일 후에 죽고 말았다.

나발이 죽었다는 소식을 듣고 다윗은 자신의 억울함을 갚아주신 하나님을 찬양하고 감사드렸다(삼상 25:39). 하나님께서는 다윗이 자기 손으로 그 문제를 해결하는 것을 막아주셨다.

다윗은 아비가일이 자기에게 끼친 잊을 수 없는 감동을 되새겨보았다. 잠시도 지체하지 않고 즉시 달려가 아비가일에게 자기 아내가 되어줄 것을 요청했고, 그녀는 기쁘게 응낙했다.

"여호와께서 내 주를 후대하실 때에 원하건대 내 주의 여종을 생각하소서!"(삼상 25:31)라는 아비가일의 탄원이 놀랍게 성취되었다. 그녀는 경험을 통해 결혼생활에서 부부에게 공통점이 별로 없을 때 얼마나 외로움이 큰지 잘 알고 있었다. 그러나 이제는 자기와 많은 것, 즉 용기와 충성과 넘치는 지성과 독창적인 통찰을 나눌 수 있는 사람의 아내가 되었다.

하지만 다윗과 아비가일의 가장 위대한 공통점은 하나님을 향한 그들의 태도다. 두 사람에게 하나님은 늘 첫 번째였다. 겸손한 아비가일은 하나님을 사랑하는 자에게 모든 것이 합력하여 선을 이루도록 역사하시는 하나님을 경험했다(롬 8:28). 그녀는 예기치 않던 이스라엘 왕의 아내가 되었다.

어려운 상황에 대한 아비가일의 날카로운 통찰과 지혜로운 대처를 통해 다윗은 하나님 마음에 흡족한 사람으로 남게 되었다. 그는 자신과 모든 인간이 창조된 목적을 깨달을 수 있었다. 그 목적은 하나님의 이름에 영광을 돌리는 것이다(계 4:9-11, 5:11-14). 만약 적절한 시기에 아비가일이 나타나서 그의 양심을 깨우쳐주고 그가 하나님을 욕되게 하는 것을 막아주지 않았다면, 그는 장래의 왕으로서 그 기회를 완전히 놓쳤을 것이다.

아비가일은 리더십 부재 상황에서 지혜로운 리더십을 보여주었다.
당신은 지혜가 리더십의 핵심 요소라고 생각하는가?
당신의 삶에서 지혜를 키울 수 있는 방법은 무엇인가?

**HER NAME
IS WOMAN:
LEADERS
AND
WANDERERS**

16

스바 여왕

지혜를 사모했던 여인
(왕상 10:1-10, 13; 마 12:42)

> 그저께 나는 누구도 그 무거운 짐을 지리라고 생각할 수 없을 만큼
> 어려운 사명에 부름받았다.
> 내가 그러한 일을 하도록 특권을 받은 것은 놀라운 일이다.
> _ 네덜란드의 율리아나 여왕(1948년 9월 즉위 연설 중)

긴 약대 행렬이 여리고에서 예루살렘으로 서서히 올라가고 있었다. 무거운 짐을 실은 약대들은 고개를 끄덕이며 짐을 날랐다. 약대들을 끌고 가던 사람들은 긴 여행의 목적지가 보이자 앞을 향해 서둘러 약대를 몰았다.

이 여행을 마련한 무리 중앙에 자리 잡은 여인은 과연 이 어려운 여행의 보람이 있을까 생각했다. 그것은 3천 킬로미터가 넘는 거리로, 몇 주일이 걸린 여행이었다.

추운 밤과 탈 듯이 뜨거운 낮은 끝이 없는 것 같았다. 그 지역은 햇볕이 내리쬐고 살풍경했다. 가장 힘든 것은 광야에서 불어닥치는 모래바람과 광풍이었다.

하지만 그녀는 마음속으로 가야 한다고 생각했다. 자기 고향 스바

에 있는 궁전에서 그녀는 이스라엘의 왕 솔로몬에 대해 수없이 많은 이야기를 들었다.

그는 엄청나게 부유하고 믿을 수 없을 만큼 지혜롭다고 했다. 그의 명성은 널리 알려져 있었다. "온 세상 사람들이 다 하나님께서 솔로몬의 마음에 주신 지혜를 들으며 그의 얼굴을 보기 원했다"(왕상 10:24 참조). 많은 왕들이 찾아와서 그에게 상의했다. 올 때마다 많은 선물을 바치며 그를 명예롭게 했다(대하 9:22-24).

그녀는 자기의 개인적인 삶과 여왕으로서의 임무, 그리고 하나님에 대해 많은 질문을 가지고 있었다.

―――

당신이 교제하는 사람들 중
탁월한 지혜와 리더십을 지닌 사람은 누구인가?
그 사람에게서 무엇을 배울 수 있는가?

―――

그녀가 솔로몬에 대해 들은 소문 중 특이한 것은 모든 것이 언제나 여호와의 이름과 연관되어 있다는 것이었다. 사람들은 그가 번영한 이유가 이스라엘의 하나님 여호와라고 했다. 그녀는 바다의 신, 땅의 신, 전쟁의 신, 술의 신, 낮의 신, 밤의 신 등 여러 신을 알고 있었다. 그러나 그 신들은 어떤 문제도 해결해주지 못했다. 여호와라는 그분은 해결해줄 수 있을까?

우선순위를 정하는 방법으로 보아 그녀가 지혜로운 여인임을 알 수 있다. 지혜로운 그녀는 자신의 지식과 통찰력의 한계를 인정했다.

그녀는 좀 더 알기 원했으며, 지혜를 얻기 위해서라면 기꺼이 희생을 치렀다. 그 목적을 달성하기 위해 그녀는 시간과 돈과 노력을 아끼지 않았다.

당신의 리더십이 발휘되는 영역(가정, 대인관계, 교회 등)에서 약한 부분은 무엇인가? 누가 그 약한 부분을 채워줄 수 있는가?

참된 지혜는 겸손과 긴밀하게 연관된다. 스바 여왕은 자신이 계속 지혜를 추구하고 있으며, 자기 상태에 만족하지 않는다는 것을 바깥 세상에 알릴 만큼 겸손했다. 약대가 지나가는 것을 보는 사람 모두가 스바 여왕이 지혜로운 솔로몬에게 의논하러 예루살렘으로 가고 있다는 것을 알았다.

마지막 길목을 돌아섰을 때, 그녀는 산꼭대기에 자리 잡은 예루살렘 성을 보았다. 우뚝 솟은 건물 몇 개, 특히 왕의 궁전과 하나님의 성전이 그녀의 시선을 끌었다. 그녀 뒤로는 희귀한 향품과 값을 짐작할 수도 없는 금과 보석으로 된 값비싼 것을 실은 낙타들이 뚜벅뚜벅 걷고 있었다.

다윗의 열 번째 아들이자 밧세바의 둘째 아들인 솔로몬은 이스라엘의 세 번째 왕이었다. 그는 나단 선지자에 의해, 그리고 하나님의 뜻에 따라 '하나님께 사랑을 받은 자'라는 뜻인 **여디디야**로도 불렸다 (삼하 12:24-25).

그가 아버지로부터 왕좌를 물려받은 후, 하나님께서는 어느 날 밤

꿈에 나타나 그에게 물으셨다. "내가 네게 무엇을 줄꼬?"

그 질문에 대한 젊은이의 대답은 그의 겸손과 하나님에 대한 의뢰를 나타냈다. "누가 주의 이 많은 백성을 재판할 수 있사오리이까. 듣는 마음을 종에게 주사 주의 백성을 재판하여 선악을 분별하게 하옵소서"(왕상 3:9).

그 대답은 하나님 보시기에 매우 기쁜 것이었기에, 하나님은 지혜는 물론 더 이상 비길 수 없을 만큼 큰 부와 명예를 더해주셨다. 그 결과 솔로몬은 다른 모든 왕들보다 뛰어났고, 그의 백성들은 역사적인 황금기를 경험했다.

최근 당신이 하나님께 구한 것은 무엇인가?
어떤 동기로 그것을 구했는가?

역사상 이 시기에는 애굽과 앗시리아와 바벨론이 약했고, 호머의 그리스 전성시대는 아직 도래하지 않았다. 이스라엘이 세계에서 가장 강력한 왕국이었고, 예루살렘이 가장 아름다운 도시였다. 성전과 비교할 수 있을 만큼 아름다운 건물은 없었다. 때문에 다른 나라의 지배자들이 차례로 솔로몬을 찾아왔다. 그것은 국가적인 방문이 아니라 개인적인 성격을 띤 것이었다.

대화는 활기를 띠었다. 여왕은 겸손히 지혜에 대한 열망을 나타내며 솔로몬에게 여러 가지 질문을 했다. 그녀는 솔로몬이 개방적인 사람이라는 것을 발견했다. 그는 정말 무한한 지혜를 가진 것 같았다.

솔로몬도 그녀처럼 지위는 높지만 외로운 지배자였다. 그래서 그는 그녀를 전심으로 이해할 수 있었다. 자신 역시 같은 문제로 고심하고 있었기 때문이었다.

> 당신과 비슷한 여건과 어려움을 겪고 있어서
> 동류의식을 가질 수 있는 사람은 누구인가?
> 그 사람에게서 무엇을 배웠는가?

그녀가 놀라고 감탄한 것은 그에게는 너무 깊거나 너무 복잡한 문제가 없다는 것이었다.

그는 모든 것에 해답을 가지고 있었다. 그녀는 그가 참으로 하나님의 축복을 받았음을 알았다. 그는 지적인 지혜뿐 아니라 매일매일의 환경에 적용할 수 있는 실제적이고 상식적인 지식도 가지고 있었다. 그녀는 이러한 사실을 집이 지어진 방식과 그의 종과 신복들의 태도와 그의 음식과 음료의 다양함에서 보았다. 그의 삶 세부적인 곳까지 지혜가 스며들어 있었다.

또한 하나님을 향한 그의 믿음이 그의 삶 모든 면에 영향을 미치고 있었다. 그의 믿음은 깨끗했고 실재였다. 그것은 그의 존재의 중심이었다.

솔로몬 왕은 매일매일의 자기 의무를 그녀와 관련시켜 얘기했을 뿐 아니라 자기가 어떻게 하나님을 섬기는지에 대해 나누었다. 거기서 그녀는 그의 성공적인 삶의 참된 비결을 발견했다.

솔로몬이 하나님께 번제를 드리면서 자기 죄를 대신하여 죽는 죄 없는 짐승과 자신을 동일시한 것은(레 1:1-9, 9:7) 스바 여왕에게 진리의 근본을 예시해주었다.

지혜로운 사람의 본이나 말을 통해 깨달은 진리는 무엇인가?
그 진리를 따라 행동해본 적이 있는가?

솔로몬의 삶은 그의 죄가 용서되었기 때문에 자유로웠다. 그것은 하나님께서 정해주신 방법에 근거한 것이었다. 죄 없는 피조물이 흘린 피는 죄 있는 사람인 그가 완전한 자유 가운데 살 수 있음을 보증해주었다(레 17:11). 하나님과 솔로몬의 교제는 그의 모든 지혜와 지식(잠 2:6, 9:10)과 번영(잠 10:22)의 근원이었다.

그녀는 솔로몬의 인생 목표가 지혜를 배우고 가르치는 것이 아니라 하나님을 경외하는 것임을 알게 되었다. 솔로몬은 하나님의 계명을 지켰으며, 그것이야말로 하나님께서 왕을 포함한 모든 사람에게 바라시는 바임을 강조해서 선포했다(전 12:9-13).

여왕은 감탄을 금치 못하며 할 말을 잊었다. 그녀의 가장 큰 기대가 넘치도록 채워졌다.

그녀는 이렇게 말했다. "그동안 나는 당신의 지혜에 대해 들었던 것을 믿지 않았습니다. 그것은 너무도 전능한 것같이 보였습니다. 하지만 사실이 소문보다 더 위대합니다. 내가 들은 것은 사실의 반도 못 됩니다"(왕상 10:7 참조).

여왕은 솔로몬 왕을 섬기는 백성들과 그의 권위 아래 있는 신하들을 부러워했다. 그녀는 지혜가 모든 것보다 더 사모할 만한 것임을 인정했다(잠 8:11). 가장 두드러진 것은, 그녀가 솔로몬은 하나님께서 그의 백성을 잘 다스리도록 백성들에게 주신 사랑의 선물이라고 말한 것이다.

당신이 주변 사람들에게 하나님의 선물이 되는 것은 어떤 모습일까?

솔로몬 왕과의 만남으로 그녀는 정신적, 물질적으로 풍성해졌다. 왕은 인자하게도 그의 광대한 지혜뿐 아니라 그녀가 가지고 온 값진 선물을 능가하는 부까지 그녀와 나누었다(대하 9:12).

그녀가 받은 선물 중 가장 값진 것은 금전으로 계산할 수 없는 것이었다. 그것은 바로 참된 지혜의 근원이신(전 2:26) 하나님에 대한 지식이었기 때문이다.

이 일로 스바 여왕은 역사를 만든 여인이 되었다. 예수 그리스도께서도 그녀를 예로 인용하셨다. 예수님께서는 그녀가 솔로몬의 지혜를 듣기 위해 어떤 대가나 어려움도 아끼지 않았음을 칭찬하셨다. 그러한 행동으로 그녀는 지혜를 진지하게 받아들이지 않는 사람들을 경계했다.

그녀는 하나님에 대한 지식을 중요하게 여겨서 좀 더 자세히 조사해보는 빛나는 본보기를 남겼다.

또한 자기보다 더 지혜로운 사람으로부터 배울 기회를 받아들임으로써 그녀의 깊은 통찰력을 증명했다(엡 5:16).

그녀는 솔로몬이 지혜로운 사람이라는 소문에 그저 귀만 기울이지 않았다. 그 지혜의 근원이 무엇인지 발견하기 위한 모든 일을 했다(잠 2:1-6).

그녀가 그토록 풍부해진 것은 지식뿐이었을까?

그것이 그녀가 만족한 유일한 것이었을까?

아니면 그녀의 믿음은 지혜의 근원이신 하나님, 솔로몬과도 비교할 수 없는 하나님께로 향했을까?(사 11:2; 고전 1:30)

가장 위대한 지혜는 머리가 아니라 믿음에서 나온다. 그러한 사람의 소망은 끊어지지 않을 것이다(잠 24:14).

순전한 인간의 지식은 어떤 것일까?

그것이 경건한 지식과 어떻게 다를까?

당신의 삶에서 지혜가 어떤 모습으로 나타나는가?

여왕은 정말로 지혜로웠을까? 그녀는 솔로몬이 자기에게 한 말을 모두 이해했을까? 솔로몬에게서 본 지혜를 적용했을까? 그녀의 마음도 변화되었을까? 계획했던 목표를 완전하게 달성했을까?(고후 8:10-11)

만약 하나님을 발견하지 못했다면 그녀의 추구는 실패한 것이다. 그렇다면 그녀는 완전한 본보기가 아니라 비극적인 존재가 된다.

성경은 그 질문에 직접적으로 대답하지 않는다. 그러나 예수님께서 그녀를 예수님 당시의 바리새인과 서기관들에게 본보기로 사용하시며 그녀를 유대인보다 높이신 것에서 그 답을 발견할 수 있다. 그것이 바로 그녀가 교훈을 배웠다는 증거 아닐까?

  스바 여왕은 지혜를 얻기 위해 어떤 대가나 어려움도 아끼지 않았던 여인이다.

**HER NAME
IS WOMAN:
LEADERS
AND
WANDERERS**

17 훌다

배교한 민족을 하나님께로 돌아오게 한 여인
(대하 34장, 35:1-19)

> 성경에 나오는 예언(히브리어 nebu'ah)이란 본래 일반적인 개념에서의
> 일기예보나 재정 상태의 예보처럼 미래에 일어날 일을 이야기하는 것이 아니다.
> 한 개인이나 국가의 특별한 상황에서 직관적으로 느끼는
> 하나님의 뜻을 입 밖으로 말하는 것이다.
> _ 하퍼성경사전(Harper's Bible Dictionary)

모세의 율법에 따르면 이스라엘 백성들은 하나님께서 친히 높이신 백성이기 때문에 하나님의 특별한 축복과 번영을 기대할 수 있었다. 하나님께서는 모든 민족 가운데 그들을 택하셨다(신 7:6).

그러나 순종하라는 그 부르심과 함께, 하나님께서는 그들의 순종에 합당한 측정 기준을 주셨다. 바로 하나님의 계명이었다. 백성들이 하나님께 순종할 수 있도록 하나님께서는 그러한 율법을 자세히 설명해 놓으셨다. 하나님은 백성들에게 하나님께서 무엇을 기대하시는지 알게 하셨고 어두움 가운데 있도록 내버려두지 않으셨다. 때문에 그들은 하나님께서 무엇을 요구하시는지 정확히 알고 있었다.

하나님은 이스라엘 백성들에게 마음속에 율법을 잘 간직하고, 후손들에게 하나님의 말씀을 가르치고, 하나님에 대한 생각이 그들 개

인의 삶과 가정에 스며들게 하라고 하셨다. 즉 그들의 모든 행동이 하나님의 인도하심에 영향을 받았다(신 6:6-9). 그러므로 하나님의 말씀에 순종하는 것은 이스라엘 사람들에게 그리 어려운 일이 아니었다. 도무지 닿을 수 없는 데 있거나 그들 힘에 벅찬 것이 아니었다. 그들은 어릴 때부터 하나님의 율법을 듣고, 항상 마음속에 품고 다녔으며, 언제든 암송할 준비가 되어 있었다(신 30:14). 하나님이 기대하시는 것은 그들이 하나님의 말씀대로 살려는 마음을 갖는 것뿐이었다. 이것은 하나님의 도우심과 능력으로만 이행된다. 그런 방법으로 전 세계는 하나님과 동행하는 민족으로서의 행복을 맛보게 된다.

**순종하는 마음은 하나님과의 깊은 관계에서 우러나온다.
하나님께서 당신에게 순종하라고 하시는 것은 무엇인가?**

그러나 하나님께 선택받은 백성으로서의 특권은 한 가지 조건에 묶여 있었다. 바로 하나님께 충실히 남아 있어야 한다는 것이었다. 그 조건에 충실하지 못하면 무서운 결과가 따라올 것이다. 그들이 하나님을 배척하면 하나님께서도 그들을 배척하실 것이다(호 4:6). 예기치 못한 재앙이 그들에게 떨어질 것이며, 결국 하나님께서 모세를 통해 그들에게 약속하신 땅에 남아 있지 못하게 하실 것이다(신 28:1-64).

초기에 이스라엘 민족이 특별히 훌륭한 왕에 의해 인도될 때는 모든 것이 순조로웠다. 여호와께 열정적이고 진실했던 다윗 왕이 다스리는 동안 하나님께서는 이스라엘을 축복하셨다. 경건함과 지혜를 사랑했던 다윗의 아들 솔로몬이 다스리는 동안에도 이스라엘의 명성이 널리 퍼졌다. 그러나 그 이후 이스라엘 민족은 영적으로 점점 타락했다. 하나님과의 언약에서 점점 더 떨어져나갔다. 요시야 왕의 할아버지와 아버지인 므낫세와 아몬 같은 왕은 하나님으로부터 멀리 돌아서버렸고, 몇몇 다른 왕들도 몹시 악하고 타락해 있었다. 다만 혐오감을 일으킬 만한 우상을 섬기는 왕은 없었다(대하 33:1-25).

이제 선지자 훌다 이야기를 시작하겠다. 훌다는 이스라엘 백성이 하나님을 떠났던 시기에 살고 있었다. 그들은 더 이상 하나님의 말씀에 순종하지 않았다. 문자 그대로의 율법에 치중할 뿐 하나님의 뜻과 마음에서 떠나 서서히 배교자가 되어갔다. 훌다라는 이름은 '족제비'라는 뜻을 지녔지만, 그녀는 그 이름이 자신에게 영향을 주지 않도록 노력했다. 그녀의 삶은 담비같이 생긴 작고 조심성 많은 동물과 조금도 비슷하지 않았다. 그녀가 살던 시대에는 자기 생각을 담대하게 말하고 행동에 옮기는 것을 두려워하지 않는 사람이 필요했다.

―

다른 사람의 시선 때문에 옴짝달싹 못한 적이 있는가?
어떻게 다른 사람이 당신을 규정하도록 허용했는가?

―

훌다는 여선지자, 즉 하나님의 대변인으로 일했던 여인이다. 하지만 그녀의 특별한 소명이 그녀를 바깥 사회에만 둔 것은 아니다. 한편으로 그녀는 가정주부였기 때문이다. 훌다는 요시야 왕의 예복을 주관하는 살룸의 아내였다. 다른 모든 아내처럼 그녀는 매일 남편의 뒷바라지를 했다. 그러나 결혼생활이 그녀의 소명을 방해하지는 않았다. 그녀는 하나의 책임과 또 다른 책임을 조화시킬 줄 알았다.

당신이 맡은 임무는 무엇인가? 그 임무에 더하여
하나님께서 하나님 나라를 위하여 섬기라고 부르신 일은 어떤 것인가?

훌다는 성전에서 멀지 않은 곳에 살고 있었다. 예루살렘의 새로운 지역인 그곳에서 그녀는 매일 사람들에게 하나님에 대한 이야기를 해주었다. 이스라엘은 이미 타락한 상태였지만 여전히 하나님에 대해 궁금해하고 물어보는 사람들이 있었다.

훌다는 아무 방해도 받지 않고 자기 의무를 수행했다. 그녀는 다른 선지자들이 강요당했던 것처럼 자신을 숨길 필요가 없었다. 수년 만에 유다는 하나님을 섬기는 왕을 모시게 되었다. 요시야 왕은 유명한 조상 다윗 왕의 발자취를 따라 하나님의 율법에 순종하며 그 율법에서 떠나지 않았다. 하나님에 대한 그의 헌신은 그의 어머니 여디다의 영향 덕분이었다. 그는 우상이 있던 땅을 깨끗하게 하고 거짓 신들의 제단을 헐어버리고, 우상을 갈아 가루로 만들었다. 뿐만 아니라 일꾼들을 고용해서 하나님의 성전을 고치고 수리했다(대하 34:1-13).

훌다의 거처에도 그 소음이 종종 들려왔다. 그러던 어느 오후, 그녀는 다섯 사람이 자기에게 가까이 오는 것을 보았다. 그중에서 그녀는 대제사장 힐기야와 서기관 사반과 몇몇 왕의 종을 알아보았다. 그들의 표정은 진지했고 말도 매우 신중했다. 힐기야가 말했다. "우리는 왕으로부터 특별한 명령을 받았소. 하나님의 집을 수리하는 데 필요한 돈을 꺼내다가 모세의 율법책을 발견했소"(대하 34:14-15 참조).

사반이 이어서 말했다. "우리는 그것을 왕께 읽어드렸소. 하나님이 우리 민족에게 주신 율법을 지키지 않은 것 때문에 왕은 두려워 떨며 옷을 찢었소. 왕께서 백성의 죄를 부끄러워하고 계시오. 하나님의 진노를 두려워하고, 사태가 심각하다는 것을 알고 계시오"(대하 34:18-21 참조). 그 사람들은 새로 발견된 책에 기록된 하나님의 뜻을 알기 위해 훌다에게 온 것이 분명했다. 그녀가 만약 왕이 왜 예레미야 같은 선지자가 아닌 자기에게 사람을 보냈는지 의아하게 생각했다 해도 그것을 드러내지 않았을 것이다. 과거의 다른 여선지자(미리암[출 15:20]과 드보라[삿 4:4])처럼 그녀는 남자들과 다름없이 침착하고도 위엄 있게 쓰임받았다. 하나님께서는 이 땅에서 하나님의 말씀을 대언할 사람을 찾으셨다. 고대에는 주로 남자를 부르셨지만 특별한 때에는 여자를 사용하셨다. 훌다는 자신에게 도움을 구하러 온 사람들보다 자신이 더 낫다고 여기지 않았다. 그렇지만 자신이 부족하다는 이유로 주어진 임무로부터 도망치면 안 된다고 생각했다. 하나님께서 그분의 도구로 쓰임받을 사람을 찾으시는 것이 분명했기 때문이다.

―――

자신이 부족하다는 생각 때문에 하나님께서 요구하신 일을 하지 않았던 적이 있는가? 자신의 약점에 대해 훌다에게서 배워야 할 것은 무엇인가?

―――

그녀는 이렇게 생각했다. '여호와께서 찬양 받으실지어다. 요시야는 율법책을 유물이나 수집품처럼 취급하지 않았다. 그는 하나님의 책을 장식품처럼 다루면 안 된다는 것을 알고 있다. 율법은 반드시 적용되어야 한다.' 그리고 조금의 주저함도 없이 대답했다. 또한 사람의 존경을 받으려고도 하지 않았다. 그녀를 통해 사람들에게 도전하고 말씀하시는 분은 바로 하나님이시기 때문이다. "이스라엘의 하나님 여호와께서 이같이 말씀하시기를 너희는 너희를 내게 보낸 사람에게 말하라 하시니라." "여호와께서 이같이 말씀하시기를"이라는 말은 선지자인 그녀의 말에 신빙성이 있음을 증거한다(대하 34:23-24).

―

당신은 충고나 조언을 할 때 성경을 제시하는가?
성경이 당신의 말에 어떤 무게와 신뢰감을 더해주는가?

―

훌다는 이스라엘 민족의 몰락을 예언했다. 그들은 하나님의 말씀을 소홀히 여겼으며, 배교자가 되었고, 살아계신 하나님 대신 우상을 섬겼다. 그녀의 메시지는 무서운 파멸의 내용이었지만(대하 34:24-25) 훌다는 아무것도 숨기지 않았다. 그 말로 인해 자기에게 미칠 영향 따위는 조금도 두려워하지 않았다.

―

현대인들은 어떤 식으로 하나님의 말씀을 경솔히 다루는가?
당신도 그런 잘못을 해본 적이 있는가?

―

그러나 하나님께서 심판만 말씀하신 것은 아니었다. 은혜에 대해서도 이야기하셨다. 하나님은 그분을 향한 요시야의 사랑과 충성과 말씀에 대한 그의 민감성을 아셨다. 그래서 요시야가 죽을 때까지 심판을 연기하셨다(대하 34:26-28). 이후 하나님의 진노는 넘치도록 가득 찼고, 결국 시드기야 왕 때 백성들에게 심판이 내려졌다. 이스라엘 백성들이 회개하라는 하나님의 거듭되는 부르심에 반응하지 않은 결과였다(렘 29:19). 그들은 하나님의 부르심을 무시했다. "땅이여, 땅이여, 땅이여, 여호와의 말을 들을지니라"(렘 22:29). "예루살렘과 성전이 파괴될 것이며 백성들은 추방당할 것이다"(대하 36:15-21 참조).

사자들이 왕에게 훌다의 강력한 메시지를 전달했고, 그 말을 들은 왕은 하나님께서 그녀를 통해 말씀하신다는 사실을 의심하지 않았다. 또한 자신이 즉각적인 조치를 취해야 한다는 것도 분명하게 깨달았다. 왕은 즉시 백성의 지도자들과 함께 성전으로 가서 예루살렘과 유다의 모든 거민에게 하나님의 율법을 읽어주었다(대하 34:30).

백성들은 주의 깊게 들었다. 그리고 하나님께서 훌다 선지자를 통해 말씀하신다는 것을 확신했다. 때문에 백성들 사이에서 이전에 보지 못한 부흥이 일어났다. 왕과 지도자들과 모든 백성이 하나님과 새 언약을 맺고, 하나님을 섬기겠다고 서약했다. 그들은 기꺼이, 온 마음을 다해 하나님 말씀에 순종했다. 그 결과 철저한 개혁이 일어났다. 우상을 깨끗이 치웠고, 도덕적인 경계가 설정되었다. 그것은 수도에만 국한되지 않았다. 북쪽에 있는 게바에서부터 남쪽의 브엘세바까지 온 나라가 동참했다(왕하 23:4-8). 가장 중요한 것은 유월절이 다시 지켜진 것이다. 이스라엘 민족은 하나님께서 지난날 그들을 어떻게 구원하셨는지 잊고 있었다. 모세가 매년 절기로 정해 놓은 출애굽의 기념일을 잊고(출 12:1-17, 23:14-15), 수년 동안 유월절을 지키지 않았다. 그것은 오실 그리스도를 가리키는 제사를 무시한 것이었다.

요시야는 계속해서 하나님께서 왕을 위해 세워 놓으신 규범대로 살았다. 하나님께서는 왕이 하나님의 율법에 어떤 태도를 가져야 하는지에 대해 모세를 통해 적어 놓으셨다. "그가 왕위에 오르거든 이 율법서의 등사본을 레위 사람 제사장 앞에서 책에 기록하여 평생에 자기 옆에 두고 읽어 그의 하나님 여호와 경외하기를 배우며, 이 율법의 모든 말과 이 규례를 지켜 행할 것이라"(신 17:18-19).

───

당신은 왜 하나님의 말씀을 공부하는가?
얼마나 자주 성경을 읽는가?

───

하나님의 말씀을 묵상하고 적용한 뒤, 요시야는 하나님의 축복을 경험했다(수 1:8; 시 1:1-3). 불순종 뒤에 반드시 하나님의 저주가 따르는 것처럼, 순종에는 언제나 하나님의 축복이 따른다. 하나님 말씀에 순종한 것은 요시야 왕의 생애만 바꾸어 놓은 것이 아니라 나라 전체가 변화되었다. 그때까지 유다가 경험한 그 어떤 시대보다 가장 철저한 개혁이 이뤄졌다. 신앙을 버렸던 민족이 살아계신 하나님께로 돌아섰다. 그러나 최후 심판은 피할 수 없었다. 너무나 많은 세대의 이스라엘 민족이 과중한 죄를 범했기 때문이다. 다만 훌다 선지자가 살던 시대의 백성들에게는 그것이 수년 동안 연기되었다.

훌다의 이름은 비록 역사의 짧은 기간을 밝혔지만 그녀의 생애는 멀리까지 영향을 미치고 있다. 그녀는 자기 이름을 하나님의 말씀과 연결시켰기에 국가 전체의 운명을 좌우할 수 있었다. 훌다는 말씀을 알고 있었다. 때문에 그녀는 하나님의 말씀으로 자유롭게 사람들을 권면하고 격려할 수 있었다.

훌다는 다른 선지자들과 달리 먼 미래의 비밀을 밝히지 않았다. 그녀는 하나님께서 수세기 동안 사용해오신 매개체를 통해 하나님의 뜻을 계시해주는 일을 감당했다. 그녀는 하나님의 뜻을 이스라엘 국가와 그 백성 개개인에게 적용시켰다. 그들이 잃어버린 진리를 다시 발견하도록 도와주었다. 그녀의 백성들이 다시 한 번 경청하고 읽고 연구하고 묵상하면서 하나님의 말씀에 주의를 기울였을 때, 놀라운 일들이 일어났다. 하나님께서 인간에게 기대하시는 일을 기꺼이 행할 때, 누구도 가능하다고 생각지 않았던 일들이 일어난다.

―――

오늘날의 선지자들은 강력한 방법으로
사람들을 하나님께 돌이키고 있다.
당신이 주변에서 보는 선지자들은 어떤 사람인가?

―――

다른 많은 여인들처럼 훌다는 가정주부다. 그러나 하나님의 말씀에 대한 그녀의 의탁과 그 말씀에 자신을 강력하게 연결시키는 용기가 그녀를 다른 사람과 구별되게 만들었다. 그녀는 일생에서 두 번 다시 없을 큰 기회를 놓치지 않도록 잘 준비되어 있었다.

**HER NAME
IS WOMAN:
LEADERS
AND
WANDERERS**

18

수넴 여인

창조적인 사고자
(왕하 4:8-37)

> 엘리사는 그의 창문을 통해 이후의 28세기를 내다보고,
> 당시에는 아직 생기지 않았던,
> 선지자들에게 위안이 될 다양한 것들이
> 그의 원시적인 침상과 책상과 의자와 촛대로부터
> 얼마나 발전하게 될지 생각해보았을까?
> _ 테론 브라운(Theron Brown)

힘 있는 문장 몇 줄로 성경은 그녀의 초상화를 그리고 있다. 그녀는 위대한 여인, 매우 부유하고 나이 많은 사람과 결혼했으며 자녀가 없는 여인으로 그려진다. 그녀의 이름도 언급되어 있지 않다. 다만 그녀가 살고 있던 도시 이름을 따서 수넴 여인이라고 불렀다.

수넴은 약 900년 뒤, 예수님께서 한 과부의 아들을 살리신 것으로 알려진 나인 성 근처 이스르엘에서 약간 북쪽에 위치하고 있다.

결혼했다고 해서 그녀가 단지 남편에게 동의만 할 수 있는 단조로운 존재, 개인적인 주도권을 표현할 수 없는 사람이라는 뜻은 아니다. 남편보다 더 젊었던 그녀는 매우 정력적이었다. 남편에게 의견을 제시하고 의논한 뒤에 수행했다. 그녀는 자기 계획을 늘 남편과 나누

었으며, 함께 고민한 뒤 결정을 내렸다.

성숙한 사람은 지배하려 하지 않는다. 그 대신 서로 조화를 이루어 일하려 하기 때문에 결혼이 하나님의 뜻에 따라 제 기능을 발휘할 수 있다. 나이 차이가 크게 나는 것처럼 다른 요인들이 순조롭지 않을 때에도 마찬가지다. 하나님께서는 각 사람을 독특하게 창조하셨다. 각자의 은사가 무엇인지 깨닫고 자신이 가진 잠재력을 모두 사용하게 되느냐 하는 것은 개인, 즉 남편과 아내에게 달려 있다.

―

당신 주변에서 다른 사람들을 돕는 데
자신의 은사를 사용하는 사람들은 누구인가?
어떤 식으로 그렇게 하는가?
그들의 본을 따를 수 있는 방법은 무엇인가?

―

수넴 여인은 큰 부자였고, 돈으로 살 수 있는 모든 것을 누릴 수 있었으므로 쉽게 안일해질 수 있었다. 나이 많은 남편의 아내로서 자식이 없었던 그녀는 아무 목적 없이 자기 연민을 품으며 무미건조하게 생을 보낼 수 있었다. 그러나 그녀는 그렇게 하지 않았다.

―

어떤 식으로 당신은 더 편안한 삶으로 빠져드는가?
그런 유혹에 굴복한 결과는 어떠한가?

―

그녀는 자기 주변에 많은 관심을 가지고 있었다. 그녀는 자신보다 남을 먼저 생각했다. 자기 주변을 주의 깊게 살피다가, 자기 집을 매일 지나다니는 사람들 중 한 사람이 매우 각별하다는 것을 알아차렸다. 그가 보통 사람이 아니었기에, 친절하게 그를 초대하고 음식을 대접했다. 그는 바로 엘리사 선지자였다.

가정주부로서 그녀는 매일 집안일을 돌보며 스스로에게 이렇게 질문했다. '하나님의 종인 그를 위해 무엇을 할 수 있을까? 그를 위해 방을 하나 지어 드리자! 장막처럼 임시적인 것이 아니라 견고하고 오래갈 만한 것으로.'

결국 남편의 도움으로 그녀는 담 위에 엘리사를 위한 방을 하나 만들었다(왕하 4:8-10).

당신이 아는 하나님의 종들(목사, 선교사, 사역자 등)을
격려하고 섬길 수 있는 방법은 무엇인가?

하나님을 섬기고 싶었던 수넴 여인은 하나님께로부터 창조적인 생각을 받았다. 즉 그녀는 하나님을 섬기기 위해 새로운 것, 유용한 것을 창조해냈다. 방 안에는 침상과 책상과 의자와 촛대가 있었다. 그녀는 그 방에서 엘리사가 잠도 자고 일도 할 수 있게 했다. 생각나는 것은 무엇이든 잊지 않고 다 만들었다.

그래서 엘리사는 그들과 함께 거했다. 모든 것이 지속적이고 반복적으로 사용할 수 있도록 마련되어 있었다. 틀림없이 그의 사환 게하시를 위한 방도 있었을 것이다. 그녀는 자신의 돈을 여호와의 선지자

를 위해 사용하는 것이 즐거웠다. 돈을 주어서 엘리사가 스스로 잠자리와 음식을 마련할 수 있게 하는 대신, 그녀는 그를 위해 새로운 거처를 마련하는 수고를 했다. 자기의 재산을 나누면서 그녀는 자기 자신을 드렸다. 그 결과 하나님께서는 그녀에게 보상을 해주셨다.

엘리사가 사환 게하시를 통해 그녀에게 물었다. "네가 이같이 우리를 위하여 세심한 배려를 하는도다. 내가 너를 위하여 무엇을 하랴?" 하지만 그녀는 자기는 필요한 것을 모두 가졌으므로 아무것도 청할 것이 없노라고 대답했다. 나중에 사환 게하시가 자기 주인에게 말했다. "그녀는 아들이 없고, 남편은 늙었나이다"(왕하 4:13-14 참조).

그녀는 자신이 아들을 낳을 것이라는 약속을 감히 믿으려 하지 않았다. "아니로소이다. 내 주 하나님의 사람이여, 당신의 계집종을 속이지 마옵소서"(왕하 4:16). 하지만 그것은 거짓이 아니라 거룩한 사실이었다. 1년 뒤 그녀는 약속대로 아들을 낳았다.

아이가 서너 살이 되었을 때, 어느 날 아버지를 따라 밭으로 나갔다가 병이 나서 몇 시간 만에 죽고 말았다. 그의 어머니는 죽은 아이를 선지자가 기도하고 묵상하던 방의 침상 위에 눕혔다. 그녀는 오직 유일한 해결책이신 하나님을 바라보았다.

하나님께서 그녀에게 아들을 주셨기에, 그분만이 도우실 수 있는 유일한 분이라 믿었다. 그녀는 갈멜에 있던 하나님의 대리자 엘리사에게로 달려갔다. 사르밧 과부의 아들을 죽음에서 살렸던 다른 선지자 엘리야를 더듬어 생각하고, 혹시 엘리야의 영감이 엘리사에게도 있지 않을까 기대한 것인지 모른다.

시편 77편을 읽으라. 지난날 당신의 삶 속에 나타난 하나님의 역사 중 미래에 대한 믿음을 강하게 만드는 것은 무엇인가?

우물쭈물할 시간이 없었다. 남편에게 선지자를 만나러 간다는 것을 알렸지만, 더 이상 설명할 시간이 없었다. 그날따라 40킬로미터가 너무도 먼 거리로 느껴졌다. 그래서 스스로에게 질문했다. '아들이 이미 죽었는데 이 여행이 의미가 있을까?'

멀리서부터 엘리사는 무언가 잘못되었음을 보았다. 그는 사환 게하시가 그녀를 돕도록 그녀와 함께 보내려 했다. 그러나 그녀는 그것으로 만족하지 않았다. 엘리사가 그녀와 함께 가주어야만 돌아가겠다고 말했다. 아들을 갖기 전의 그녀는 자기 삶에 만족하고 있었다. 엘리사에게 아들을 요청한 적은 없지만, 이제는 그 아들을 몹시 사랑하고 있었다. 그리고 자기를 도울 수 있는 사람은 자기가 아이를 갖도록 도와주는 데 도구로 사용되었던 사람뿐이라고 느꼈다. 엘리사의 필요를 위해 헌신했던 그녀는 이제 그가 자기와 함께 돌아가기를 바랐다. 그녀에게 설득당한 엘리사는 결국 그녀와 함께 갔다.

그녀의 집에 도착했을 때, 엘리야가 사르밧 과부의 아들에게 했던 것과 똑같이 엘리사는 조그마한 시신 위에 자기 몸을 굽혔고, 그를 죽음에서 일으켰다. 그리하여 수넴 여인은 두 번째로 아들을 받았다. 첫 번째는 아들이 태어날 때였고, 이번에는 죽음에서부터 그 아들을 다시 받은 것이다. 덕분에 그녀는 장례식이 아닌 잔치를 준비했다!

수넴 여인에게 내린 축복은 그것이 전부가 아니었다. 수년 뒤 나라에 기근이 닥쳤을 때, 그녀는 선지자에게 미리 예고를 받고 가족과 함께 멀리 이사하여 기근을 면했다. 7년 후에야 그녀는 다시 자기 나라로 돌아왔다. 떠나 있는 동안 잃어버렸던 집과 토지를 되찾기 위해 그녀는 왕에게 그것을 다시 돌려달라고 요청했다. 왕은 그녀의 요청을 들어주었을 뿐 아니라 그 소출까지도 모두 그녀에게 주었다(왕하 8:1-6).

이유가 무엇일까? 그녀는 엘리사가 아들의 생명을 회복시켜준 여인이었으며, 엘리사와 하나님의 나라에 기여했기 때문이었다.

수넴 여인은 그저 한 여인에 불과하다. 하지만 그녀는 창조적으로 생각했다. 다른 이에게 이기적이지 않은 마음으로 헌신함으로써 스스로 축복의 수문을 열었다.

주는 자는 받는 자가 된다. 그것은 하나님을 신뢰하는 자들을 위한 진리다(눅 6:38).

살면서 복종하는 훈련을 해본 적이 있는가?
하나님께서 당신의 신실함에 어떤 복을 주셨는가?
(복은 꼭 물질적인 것을 말하지 않는다는 것을 명심하라)

창조적이라는 말은 라틴어 'creatus'에서 나온 말로 '창조주'(creator)라는 말과 연관된다. 수넴 여인을 그러한 인격으로 만든 것은 그녀가 창조주 하나님과 맺고 있던 관계 때문이었다.

하나님과 동행하는 삶은 진정한 창조를 가져온다. 자기가 가진 것으로 어떻게 하나님을 섬길 수 있는지 물어보는 사람은 아이디어, 즉 천국으로부터 전해지는 생각을 받는다. 그 아이디어는 감정적이거나 일시적인 것이 아니라 하나님께서 각자에게 주시는 잠재력의 골격 안에 있는 실제적이고 유용한 생각이다. 성령께서 창조성을 부어주신다.

당신의 리더십에서 창의성이 어떤 역할을 하는가?
당신의 창의력과 리더십을 결합하기 위해
이번 주에 할 수 있는 일 한 가지를 말해보라.

수넴 여인의 창조성은 성전의 건축가였던 브살렐과 오홀리압처럼 하나님의 성전을 위해 직접 일하는 것을 의미하지 않았다(출 31:1-11). 그녀는 단지 자기 집 안에서 하나님을 섬겼다. 그렇게 함으로써 그녀는 '가정주부'라는 위치에서 '틀에 박힌 일'이라는 딱지를 떼어버리고 다른 사람들의 행복을 위해 자신의 재물을 사용했다. 그녀의 생애를 공부해 보면, 하나님께서 결국 그 모든 것을 보상해주신다는 사실이 드러난다.

**HER NAME
IS WOMAN:
LEADERS
AND
WANDERERS**

19 에스더

민족을 위해 목숨을 걸었던 왕비
(에 4:1, 5-16, 7:1-6, 8:15-17)

> 믿음은 수동적인 마음이 아니다.
> 그것은 종종 우리를 압도하는 역경에도 불구하고
> 하나님의 약속을 붙들고 굳게 지키기 위한 우리 영혼의 활발한 행위다.
> – 제리 브리지스(Jerry Bridges)

    에스더 왕비의 이야기는 놀랍다. 그것은 마치 히틀러의 가스 사형실에서 풍기는 냄새에 천일야화가 뒤섞인 것 같은 분위기를 가지고 있다. 또한 에스더서에는 하나님의 이름이 한 번도 등장하지 않지만, 각 장마다 그분의 임재하심이 분명히 드러난다.
    에스더는 다른 여인, 즉 와스디 왕비가 왕궁의 배경 뒤로 사라져버린 뒤에 등장한다. 에스더는 BC 486년부터 465년까지 인디아에서 에티오피아까지 127도를 다스리던 굉장한 부자인 바사 왕 아하수에로의 아내였다. 그의 겨울 궁전은 바벨론에서 동쪽으로 약 300킬로미터 넘게 떨어져 있는 수산에 있었다. 수산궁의 마루와 기둥은 대리석이었고, 가는 린넨 줄이 뒤로 늘어져 있는 희고, 푸르고, 파란 커튼이 드리워져 있었다. 왕의 가족과 손님들은 금과 은으로 된 소파에 기대 앉았다. 잔치하는 동안 그들은 모두 다르게 생긴 금그릇으로 음료를 마셨다.

아름답고, 또 그 아름다움에 어울리는 성품을 가진 젊은 여인 에스더는 궁전 사람들의 마음을 샀다. 그녀는 페르시아 사람이 아니라 예루살렘에서 추방된 모르드개가 키운 유다인 고아였다. 에스더의 사촌인 모르드개는 아버지처럼 에스더를 돌보아주었고, 왕후인 에스더도 그에게 딸처럼 순종했다.

대궐 문에서 일하던 모르드개는 왕의 대신인 아말렉 사람 하만의 미움을 받았다. 하만은 영리하고 야심만만했으며 거칠었다. 그는 아무도 아끼지 않았다. 그러나 왕은 그를 높이고 아껴서, 왕궁의 모든 신하에게 그의 앞에서 무릎을 꿇도록 명령했다. 그러나 모르드개는 그에게 무릎 꿇지 않았다. 유다인이었던 그는 오직 하나님 앞에만 무릎을 꿇었다. 하만은 그가 자신에게 절하지 않는 것을 두고 몹시 격분했다. 그래서 그는 모르드개와 페르시아에 있는 유다인을 모두 죽이기로 작정했다. 그가 세운 교묘하고도 빈틈없는 계획 때문에 한 사람의 유다인도 그 위기를 모면할 수 없었다. 모든 유다인은 그가 쳐 놓은 그물에 걸릴 것이다.

결국 하나님의 백성인 유다인의 멸종이 발표되었다. 그에 대한 왕의 서명은 하만이 이 땅에서 그들을 쓸어 없앨 수 있도록 만들었다. 역졸들이 말을 타고 닥쳐올 재난을 발표하기 위해 전국 방방곡곡으로 달렸다. 유다인들은 간담이 서늘해진 채 공포에 질려 있었다.

에스더는 결혼한 지 5년이 되었다. 모르드개의 요청에 따라 자기의 유다인 혈통에 대해 잠자코 있었지만, 모르드개는 그날 에스더에게 그와 같이 심각한 사태를 알려주었다. 유다인의 참혹한 멸망이 눈앞에 닥친 그 순간, 모르드개는 유일한 해결책이 에스더가 개입하는 것이라고 생각했다. "네 남편 왕께 나아가 네 민족을 구해달라고 요청하라." 그는 에스더에게 명령했다(에 4:6-8 참조). 네 민족! 그것은 그녀가 유다인임을 밝혀야 한다는 것을 의미했다. 왕은 어떤 반응을 보일까? 그동안 그녀가 자신을 속였다고 느낄까? 하만을 비롯한 다른 사람들처럼 그녀의 민족을 미워할까? 또 하나의 장애가 있었다. 왕후라 할지라도 왕의 부름을 받지 않으면 왕께 나아가지 못했다. 부름을 받지 않은 채 왕에게 나아가는 것은 곧 자기 목숨을 내거는 일이었다. 그녀에게는 왕이 여전히 자신을 사랑하고 있다는 보증이 없었다. 어쩌면 다른 여인이 그녀의 위치를 차지하고 있을지도 몰랐다.

그녀는 모르드개에게 자기가 30일 동안이나 왕에게 불려가지 못했다고 말했다. 하지만 모르드개는 그녀만이 개입할 수 있는 유일한 사람이라고 냉혹하게 말했다. "너는 왕궁에 있으니 모든 유다인 중에 홀로 목숨을 건지리라 생각하지 말라. 이때에 네가 만일 잠잠하여 말이 없으면 유다인은 다른 데로 말미암아 놓임과 구원을 얻으려니와 너와 네 아버지 집은 멸망하리라. 네가 왕후의 자리를 얻는 것이 이때를 위함이 아닌지 누가 알겠느냐"(에 4:13-14). "다른 데로 말미암아…." 모르드개는 하나님을 생각하고 있었다. 하나님께서는 유다 민족이 이처럼 잔인하게 살해되도록 허용하지 않으실 것이다. 수세기에 걸쳐 하나님께서는 이 민족을 통해 메시아가 올 것이라고 약속하셨다. 사람은 이 일을 막을 수 없다. 사탄도 그러하다. 모르드개는 오직 하나님만이 그들을 구원하실 수 있다는 확고한 믿음을 가졌다.

당신이 하나님을 신뢰하는 근거는 무엇인가?
이것이 시련에 대한 당신의 관점에 어떤 영향을 미치는가?

하나님의 백성들의 미래는 그와 같이 힘없고 가느다란 줄에 매달려 있지 않다. 하나님의 역습은 이미 준비되어 있었다. 그분은 초자연적인 개입으로 그 일을 수행하지 않으셨다. 자연의 이적이나(출 14:21-30) 천사의 힘으로(민 20:16) 백성들을 구하지 않으셨다. 연약한 여인을 통해 일하셨다. 그 계획은 성공할 것인가? 왕비는 하나님의 계획에 협력할 것인가, 아니면 실패할 것인가?

"하나님께서는 그분의 도구로 쓰임받을 사람 에스더를 찾으신다. 이 일에 기꺼이 네 목숨을 드리겠느냐? 하나님께서 닥쳐올 재난을 알고 계셨기에 너를 그곳에 전략적으로 놓으신 것이다. 하나님의 해결책은 바로 너다"(에 4:14 참조).

하나님께서는 당신의 삶 어떤 영역에서
당신이 그분의 해결책으로 행동하기 원하시는가?
그러한 행동을 방해하는 것은 무엇인가?

에스더는 "여호와께서 이와 같이 말씀하시니라"고 전하는 훌륭한

선지자를 통해 하나님의 메시지를 받은 것이 아니었다. 천상의 환상을 받은 것도 아니었다. 그녀는 한 친척의 말에 인도되었다. 그것은 하나님의 인도하심만큼 안심할 수 있는 것이 아니었지만 그녀는 모르드개의 말을 하나님의 말씀으로 받아들였다.

하나님께서 다른 사람의 말을 통하여 당신을 인도하신 적이 있는가?
그 상황에서 당신은 무엇을 배웠는가?

언제나 유순한 태도를 보이던 젊은 에스더는 이제 그녀에게 영웅적인 성품이 있음을 증명했다. 이와 같은 위기는 그녀의 생명의 능력이신 하나님을 드러냈다. 그녀는 기꺼이 하나님의 계획에 자기 생명을 복종시켰다. 그리고 그분의 뜻을 행하기 위해 다음과 같이 말했다. "수산에 있는 유다인을 다 모으고 나를 위하여 금식하되 밤낮 삼일을 먹지도 말고 마시지도 마소서"(에 4;16).

에스더의 금식 요청을 이사야 58장 3-7절, 스가랴 7장 4-7절,
마태복음 6장 16-18절에 비추어보라.
무엇을 배울 수 있는가?

그녀는 이제 공개적으로 자신을 자기 백성과 동일시했다. 금식하라는 그녀의 요구는 곧 기도해달라는 요청이었다(스 8:23; 단 9:3). 그녀는 자신에게 아무 능력이 없고, 또한 아무 도움도 줄 수 없다는 것을

깨달았다. 도움은 오직 이스라엘의 하나님 여호와로부터 올 뿐이었다. 때문에 그녀는 밤낮 사흘 동안 기도로 하나님의 보좌에 과감히 나아가려 했다. 에스더는 하나님의 인도하심이 필요하다는 것을 잘 알고 있었다. 자기가 요청받은 과업이 하나님께서 지명하신 일이라는 확신을 갖기 원했다. 그녀는 하나님께서 기도에 응답하실 것이며, 자기에게 적절히 행동할 지혜와 용기가 필요하다는 것을 깨달았다. 모든 지혜의 근원이시며 기도에 대한 응답으로 그것을 나누어주시는 분 외에 누구에게 도움을 구하겠는가!

모르드개의 생각이 매우 진지했는데도
에스더는 의도적으로 하나님의 인도하심을 구했다.
당신의 의사결정에서 기도가 가장 중요한 요소인가?
모든 상황에서 기도하는 습관을 들이는 방법은 무엇인가?

"나도 나의 시녀와 더불어 금식한 후에 규례를 어기고 왕에게 나아가리니 죽으면 죽으리이다"(에 4:16 참조). 그녀는 다시는 돌이킬 수 없는 일을 결심했다. 자기 민족을 위해 자기의 지위와 목숨과 미래를 기꺼이 내걸고 있었다.

기도가 끝나자, 그녀는 조심스럽게 단장을 하고 왕국의 일을 살피고 있는 왕에게 나아갔다. 에스더를 본 왕의 마음은 감동되었다. 왕은 그녀의 생명이 안전하다는 증거로 자기의 금홀을 내밀며 물었다. "왕후 에스더여, 그대의 소청이 무엇이뇨? 무엇이든 허락하겠노라."

그녀의 기도 중 일부가 응답되었다. 그녀의 생명은 안전했다. 그리고 하나님께서는 그녀의 백성을 위한 구원의 문을 조금 여셨다. 그녀가 지혜를 구하며 기도한 것은 헛된 일이 아니었다. 그녀는 지금 자신이 절박하게 요청해야 할 것은 시간도 장소도 아니라는 것을 알았다. 이러한 그녀의 통찰력은 그녀가 자기감정을 조절하여 성급하게 결정짓지 않는, 매우 현명한 여인임을 드러낸다. 또한 그녀는 사람의 마음이 종종 음식을 나눔으로써 열린다는 것을 깨달은 매우 지혜로운 여인이었다. 그녀는 왕과 하만을 잔치에 초대했다.

―

감정적으로 어떤 일을 결정한 일이 있는가?
그것이 어떤 결과를 가져왔는가?

―

식사 도중 왕은 그녀에게 다시 물었다. "그대의 소청이 무엇이뇨? 곧 허락하겠노라." 에스더는 하나님을 바라보며 한 걸음 한 걸음 조심스럽게 움직였다. 마음속으로 여전히 시간을 벌 필요가 있다고 느꼈다. 아직 하나님의 때가 아니었기 때문이다. 그녀는 "내일 또 함께 와주옵소서."라고 요청했다. 이후 그것은 하나님의 인도하심이라는 것이 증명되었다.

그날 밤 왕이 잠을 이루지 못해 시종 하나가 역대 일기를 왕에게 읽어주었다. 어두움 속에서 일어났던 일이 밝히 드러났다. 그것은 하나님의 계획이라는 퍼즐 맞추기와 같았다. 얼마 전 모르드개는 왕에 대한 음모를 밝혀 왕의 목숨을 구했다. 그러나 그에게 아무 상도 내려지지 않았다. 그러한 무관심을 고쳐야겠다고 생각한 왕은 모르드개를 매달기 위해 자기 집 근처에 약 25미터 높이의 장대를 세운 하만에게 그를 보상해주라는 명령을 내렸다.

다음 날 식사 도중 에스더는 자기의 소청을 밝혔다. 그녀는 감동적으로 왕께 자기 백성의 생명을 탄원했다. 그리고 자신의 생명도 구하면서 "만일 우리가 노비로 팔렸더라면 내가 잠잠하였으리이다."라고 말했다.

사실 위기에 놓인 것은 유다인의 생명만이 아니었다. 왕의 안녕도 위험한 상태에 있었다. 그의 부하들을 잃는 것과 왕에 대한 증오심이 일어나는 것보다 더 나쁜 결과는 왕이 하나님을 거스르고 그분에게서 돌아서는 것이었다. 하나님께서는 그 민족을 하나님의 눈동자라고 부르며(신 32:10) 그들을 보호하고 지켜주셨다. 하나님을 분노케 하지 않고는 아무도 그 민족을 해칠 수 없었다(슥 2:8-9). 왕이라도 다르지 않았다. 그러므로 그녀는 왕을 보호하려 했다. 그녀의 통찰과 접근은 왕의 존경을 샀다.

경건한 리더십은 사람들이 하나님의 관점을 살피도록 인도한다.
이렇게 할 수 있는 구체적인 방법은 무엇인가?

마침내 그녀는 왕을 설득하는 데 성공했다. 왕은 "감히 이런 일을 심중에 품은 자가 누구며 그가 어디 있느냐?" 물었다. 그러자 에스더는 왕과 함께 동석한 손님이요 가장 뛰어난 신하인 하만을 가리켰다.

"이 악한 자, 하만이니이다"(에 7:5-6).

그 순간 모든 것이 밝혀졌다. 하만의 집 부근에 세워 놓은 장대는 모르드개의 처형을 기다리고 있었지만, 왕은 그 계획을 바꾸었다. "모르드개를 매달려고 세워 놓은 장대에 하만을 매달아라"(에 7:9 참조). 왕이 명령했고, 그대로 되었다.

하만의 부인과 그의 지혜로운 친구들이 옳았다. 그들은 그에게 다음과 같이 말했다. "모르드개가 과연 유다 사람의 후손이면 당신이 그 앞에서 굴욕을 당하기 시작하였으니, 능히 그를 이기지 못하고 분명히 그 앞에 엎드러지리이다"(에 6:13). 만약 하만이 자기 조상인 아말렉인들의 역사를 알았다면 보다 현명했을 것이다. 지난날 하나님께서는 그들이 하나님의 백성을 대적했을 때 그들을 치셨다(출 17:8-16; 신 25:17-19). 그제야 하만은 증오심이 그것을 가진 사람에게로 되돌아오는 매우 위험한 감정이라는 것을 깨달았다.

에스더는 자신의 생명을 구했을 뿐 아니라 자기 민족 전부를 구했다. 신약에서 그리스도인은 어두움 가운데 빛나는 밝은 별처럼 이 세상에 빛나는 빛이라고 말한다(빌 2:15). 에스더는 바로 별이라는 이름이 의미한 대로 별과 같은 여인이었다.

세상에 빛을 비추는 것은 어떤 모습인가?
당신의 빛을 더 밝게 비추기 위해
당신이 할 수 있는 것은 무엇인가?

그러나 이전에 내려진, 유다인을 멸종시키라는 왕의 말이 너무도 강력했기 때문에 간단히 되돌릴 수가 없었다. 그러기 위해서는 반대되는 명령이 필요했다. "유다인에게 보낼 조서를 네 뜻대로 쓰라." 왕이 에스더에게 말했다. "내가 서명할 것이며, 내 반지로 인을 칠 것이다"(에 8:8 참조). 자기 목숨을 걸고 유다인을 구한 여주인공 에스더는 놀라운 소식을 전하는 특권을 얻었다. 뒷전에 물러앉는 여인이 되는 대신 매우 중요한 인물이 되었다. 그때부터 그녀의 말은 비중이 있는, 중요한 것이 되었다.

> 우리가 신실하면 하나님이 우리를 어디에 두시든
> 성공적으로 일할 수 있다.
> 당신은 무대 뒤에서 리더십을 발휘하는가, 무대 위에서 발휘하는가?
> 당신의 리더십은 얼마나 성공적이라고 생각하는가?

그 기쁜 소식은 대량 학살이 정해진 날 이전에 도착했다. 하나님께서 그렇게 해주셨다. 하만이 슬픔의 날로 달력에 표시해 두었던 날이 기쁨의 날이 되었다. 많은 사람이 그 사건에 깊이 감동되어 유다인이 되었다. 즉 그들은 여호와 편에 서기 원했다.

기쁨의 날은 결국 부림절이라는 기념일이 되었다. 그날이 되면 지금도 전 세계에 있는 유다인들이 에스더서를 읽으며 에스더 왕비가 그들을 위해 한 일을 기억한다. 이후 에스더는 높이 존경받았다. 특히 '탈무드'(Talmud, 유다의 율법과 해설을 적은 이야기)는 시편과 선지서보다도 에스더를 더 좋아하는 듯하다.

  30년 뒤 느헤미야는 예루살렘의 성벽을 재건했다. 에스더 왕비가 없었다면 그 일은 불가능했을 것이다. 그녀가 없었다면 역사의 흐름이 어떻게 되었을지 상상하기 힘들다. 에스더가 없었다면 유다 민족도 없었을 것이다. 그리고 그 민족이 없었다면 메시아도 없었을 것이다. 메시아가 없었다면 전 세계가 파멸 상태에 있었을 것이다.

성경에는 자신이 살았던 역사상의 짧은 순간에
하나님을 따르기로 결단함으로써
예수님의 길을 예비한 사람들의 이야기가 많이 있다.
어떻게 하면 당신의 삶도 이 큰 그림의 일부가 될 수 있을까?

  에스더는 자신도 알지 못하는 사이에 그리스도께서 오실 길을 예비했다. 그녀를 통해 하나님께서는 그분을 따르는 자들이 무언가를 결정할 때 반드시 하나님의 인도하심을 받아야 한다는 것을 보이셨다. 그러한 결정은 하나님의 말씀에 근거해야 하고(눅 11:28), 기도로 시험해보아야 하며(약 1:5), 다른 사람들과 의논해야 하고(잠 15:22), 내적 확신과(요일 3:21) 하나님께서 열어놓으신 문에 의존해야 한다(계 3:7-8).

**HER NAME
IS WOMAN:
LEADERS
AND
WANDERERS**

20

베다니의 마리아

자신이 할 수 있는 일을 한 여인
(요 12:1-11)

여호와의 친밀하심이 그를 경외하는 자들에게 있음이여,
그의 언약을 그들에게 보이시리로다.
_ 다윗(시 25:14)

    방 안에 들어갔을 때, 그녀는 거의 주목을 받지 못했다. 그곳에 있는 남자들을 한번 훑어본 뒤, 그녀는 주빈 뒤에 자리를 잡았다. 단순한 동작으로 그녀는 긴 치마를 거머쥔 채 치마 주름 사이로 조그마한 항아리를 숨겨 들고 있었다.
    놀랍게도 손님들의 대화는 그녀가 들어와도 전혀 방해를 받지 않았다. 남자들의 묵직한 목소리가 방 안을 채우고 있었다. 그녀가 예수님의 발밑에 앉는 것이 조금도 이상하지 않았고, 사람들은 그녀가 전에도 그렇게 하는 것을 보았다(눅 10:39).
    남자들이 먹고 이야기하는 동안 마리아의 생각은 예수님과 제자들이 처음 자기 집에 오셨던 때로 되돌아갔다.
    예수님은 그녀의 삶에도 들어오셔서 그분만이 하실 수 있는 방법으로 급격한 변화를 가져오셨다. 더 이상 그녀는 자기 자신만의 삶을 인정하지 않게 되었다.

그녀는 '**예수님께서 우리와 친구가 되어주셨어.**'라고 생각했다. 그것은 생소한 경험이었다.

당시에는 남자와 여자 사이에 높은 장벽이 가로놓여 있었다. 유대 남자들이 매일 아침 하나님께 기도를 드리며 하나님께서 자신들을 "종도 아니고 이방인도 아니고 여자도 아닌" 자로 지어주신 것을 감사할 정도였다.

당신과 예수님은 친구 관계인가?
친구 관계의 어떤 요소가
당신과 예수님의 관계를 결정하는가?

예수님이 그들과 다르다는 것은 곧 분명해졌다. 예수님의 관심은 남자에게만 있는 것이 아니었고 여자에게만 있는 것도 아니었다. 그분은 남자든 여자든 모든 인간에게 관심을 가지고 계셨다(갈 3:28).

예수님은 여자들을 존중해야 한다는 것을 가르치셨다. 그때까지 가려져 있었던 그녀의 가능성을 예수님께서 제시하셨다.

예수님은 그녀를 그분의 계획으로 끌어올리셨다. 그래서 그녀는 예수님이 계신 곳에서 온전한 편안함을 느꼈다. 조금의 부끄러움도 없이 그녀는 예수님의 말씀을 듣고 있는 남자들 사이로 들어와서 앉았다.

예수님은 당신을 소중히 여기신다.
당신도 예수님 앞에서 편안한가?
예수님께서 당신을 보시는 관점이
당신의 대인관계에 어떤 영향을 미쳐야 하는가?

그녀는 예수님의 발밑에 앉아 그분 말씀에 귀를 기울였다. 그녀의 마음속에는 하나님에 대한 굶주림과 목마름이 있었다. 그분께 귀를 기울이고 있으면, 그녀가 존재하는 목적이 분명해졌다. "나는 하나님을 위해 창조되었고, 하나님 때문에 존재하고 있다"는 확신이 그녀 안에서 점점 자라났다(계 4:11).

그것은 그녀의 삶에 의미와 색을 가져다주었다. 전에는 꿈에도 생각지 못했던 기회를 제시해주었다. 그녀는 예수님과의 교제 속에서 자기의 삶을 살았다(고전 1:9). 그것이 바로 그녀가 부르심을 받은 삶의 목적이었다. 그것의 첫 번째 결과는 하나님의 말씀에 대한 갈망이었다. 떡, 즉 육신만을 위한 양식은 인간을 만족시킬 수 없다. 내적 인격은 하나님의 말씀으로 채워져야 한다(마 4:4).

하나님의 말씀을 따르지 않을 때,
당신의 태도와 관점이 어떻게 달라지는가?

주님의 말씀으로 갈급함을 채우고 주님에 대한 지식이 늘어가면서

그녀의 성숙해진 감정은 다음과 같은 결론을 내리게 되었다. "주님을 위해 내가 할 수 있는 일을 할 거야." 감사함이 그녀의 마음속에서 부풀어올랐다. 그녀는 오랫동안 이야기하고 있는 남자들을 지켜보았다. 그러나 그녀의 마음은 주님과 다른 남자들의 시중을 들던 마르다로 인해 흐트러지고 말았다. '마르다. 주님께서 언니를 위해 얼마나 많은 일을 하셨던가!' 마르다는 활동적이고 외향적인 성격을 가지고 있었다. 그녀는 생각한 것을 즉시 행동에 옮겼으므로, 주님에 대한 그녀의 사랑이 봉사에 그대로 드러났다. 마르다는 천성적으로 내성적이고 조용한 마리아와 정반대였다. 주님께서 그 두 사람을 이해하신 모습을 통해 우리도 용기를 얻을 수 있다. 주님께서는 그들 모두를 각각의 특성대로 사랑해주셨다.

우리와 주님과의 외적인 관계는 내면의 관계를 반영한다.
당신이 하나님을 섬기고 그분과 교제하는 모습이
당신의 성품에 어떻게 드러나는가?

마리아의 눈은 마르다로부터 주님 옆에 앉아 있는 주인, 나사로에게로 옮겨졌다. 그녀는 자기 오라비를 보고 기뻐하지 않을 수 없었다. 그는 죽었다가 다시 살아났다! 죽을 때까지 그녀는 예수님께서 음성을 높여 "나사로야, 나오너라!" 하고 부르시던 순간을 잊지 못할 것이다.

그 사건을 돌이키자 그녀의 마음속에 있던 수치심도 일어났다. 마르다와 그녀는 왜 주님께서 좀 더 빨리 오지 않으실까 의아해했다. 그들은 오라비를 잃은 것보다 더 고통스러웠던, 주님의 지체하심을 이해할 수 없었다. 전에는 그들이 그토록 쓸쓸하게 느낀 적이 없었다. 돌이켜보면 자신들이 얼마나 근시안적이었는지 알 수 있었다. 나중에 그들은 그리스도께서 왜 그렇게 하셨는지 이해했다. 나사로의 부활은 하나님께 영광을 돌리기 위함이었다. 그리스도는 전적으로 아버지의 뜻을 이루셨다. 그로 인해 많은 사람이 감동을 받고 믿게 되었기 때문이다.

하나님께 영광을 돌리고 하나님의 백성들을 구원하시는 것, 그것이 바로 예수님의 목적이었다. 하지만 그 일은 쉽지 않았다. 유대인 지도자들의 격렬한 증오가 계속 쌓여서 예수님을 죽일 만한 불길을 일으키고 있었기 때문이다. 예수님께서는 나사로를 죽음으로부터 해방시키신 한편 자신의 사형 선고에 서명을 하신 것과 같았다.

이제 엿새만 있으면 유월절이었다. 그 생각이 갑자기 그녀의 눈을 뜨게 한 것일까? 본능적으로 예수께서 오늘 작별을 고하기 위해 오셨다는 것을 알았을까? 예수님은 다가오는 잔치를 준비하고 계셨다. 이번 유월절에는 백성들의 죄를 구속하기 위해 성전에서 동물들의 피가 흘려질 뿐 아니라(출 12:13, 21-28), 더 큰 희생물이 예루살렘에서 드려질 것이다. 즉 예수께서 죽으실 것이다.

그녀는 예수께서 앞으로 고난 받으실 것에 대해 말씀하셨던 것을 기억하고 있었다(막 8:31). 또한 많은 유대 지도자들의 증오가 극에 달했음을 깨달았다. 그녀의 마음속에는 예수께서 틀림없이 죽으실 것이라는 사실에 아무런 의문이 없었다. 그분은 한 민족이 아니라 전 세계의 죄를 없애기 위한 하나님의 어린양이신 것이다(요 1:29).

예수님의 말씀에 집중하면서 그분과 교제하는 동안 많은 것이 분명해졌다. 즉 그녀의 영적 통찰은 다른 사람들이 볼 수 없는 것을 이해하게 되었다.

하나님의 말씀에서 믿음과 행위는 떼어놓을 수 없이 서로 연결되어 있다. 마리아는 그것을 자기 영혼 깊숙한 곳에서 느꼈다. 그녀는 무엇인가 하고 싶다는 강한 욕망을 느꼈다. 그녀는 주님께 어쩌면 마지막이 될지도 모르는 감사를 표현하기 원했다. 그녀는 자기 옷을 만지작거렸다. 거기에는 조그마한 향유 항아리가 감추어져 있었다. 그리고 마침내 결정을 내렸다.

향유는 몹시 비싼 것이었다. 그 항아리 속에 든 향유의 값은 한 사람의 노동자가 일 년 내내 일한 품삯과 같았다(마 20:2; 요 12:5). 그 속에 들어 있는 나드는 씩지 않게 하는 기름이었다. 그녀는 생각했다. '이것은 장례식에 쓰이는 거야!' 그리고 재빨리 그 생각을 눌러버렸다. '아니야!' 그녀의 경배를 받으셔야 할 분은 살아계신 주님이지 죽은 시체가 아니었다. 따라서 지금 주님을 위해 무언가를 해야 했다.

마리아의 희생을 생각해보라.
주님께 감사하며 당신은 무엇을 드릴 수 있는가?

그녀는 마치 누가 그것을 못하게 할까봐 두려워하듯이, 마치 시간

이 얼마 남지 않은 듯이 자기 계획을 재빨리 수행했다. 예수님의 발에 부어진 향기로운 향유 냄새는 마리아의 감사의 표현이었다. 망설임 없이 그녀는 자기의 영혼을 쏟아놓았다. 그녀의 경의는 말이 없었다. 단순한 말로 어떻게 그 많은 생각을 표할 수 있겠는가! 때때로 사람의 가장 깊은 생각은 말보다는 표정이나 움직임으로 더 쉽게 전달될 때가 있다.

그녀는 주님에 대한 생각으로 가득 차 있었기에 주위의 시선 따위는 완전히 잊어버렸다. 그녀는 애정을 기울여 머리카락으로 예수님의 발을 씻었다. 갑자기 방 안이 잠잠해졌다. 이야기도 중단되었다. 짙은 향내가 방 안을 메우고 집 안 전체를 가득 채웠다. 눈에 띄지 않게 주님을 영화롭게 하고 싶었던 마리아는 향기가 퍼지면서 곧바로 주목받게 되었다. 그녀는 대체 무슨 일을 한 것인가?

―

당신의 행동과 관점이 어떤 식으로
다른 사람들이 예수님을 예배하게 하는가?
당신의 어떤 행동이 하나님께 영광을 돌리고
다른 사람도 그렇게 하도록 돕는가?

―

주님께는 향기로웠던 향내가 가룟 유다의 코에는 거슬렸다. 그의 비판은 자극적이었다. "이 향유를 어찌하여 삼백 데나리온에 팔아 가난한 자들에게 주지 아니하였느냐?"(요 12:5) 다른 사람들도 그의 말을 지지했다. 유다의 말은 얼핏 이타주의처럼 들리지만, 가난한 자에 대한 그의 관심은 거짓이었다. 즉 그는 그 돈을 돈궤에 넣었다가 자기가 쓰려 했다.

하나님께 영광 돌리려 한 일로 비난을 받아본 적이 있는가?
그때 어떻게 반응했는가?

마리아의 좋은 의도는 언니에게 게으르다고 비난받았을 때처럼(눅 10:40-41) 또다시 잘못 해석되었다. 그러나 예수님은 그녀의 의도를 아셨다. 예수님은 전에도 그녀를 두둔하셨다. 예수께서 말씀하셨다. "(저를) 가만두라! 너희가 어찌하여 그를 괴롭게 하느냐? 그가 내게 좋은 일을 하였느니라"(막 14:6).

마리아는 이 땅에서의 주님의 때가 마지막에 이르렀음을 깨달은 유일한 사람이었다. 그녀가 주님을 위해 할 수 있는 일은 그 어떤 것보다 중요했다.

예수님은 그녀를 보호하셨을 뿐 아니라 칭찬까지 하셨다. "그는 할 수 있는 일을 한 것이다"(막 14:8 참조).

하나님에 대한 사랑을 표현하기 위해 당신은 무엇을 준비했는가?
당신의 은사와 여건을 다른 사람과 비교하지 말라.
하나님은 특별한 목적을 위해 당신을 지으시고, 특별한 자리에 두셨다.
어떻게 하면 하나님이 당신에게 "그는 할 수 있는 일을 했다"고 하실까?

예수님의 말씀에 조용히 귀 기울인 것은 마리아가 영적인 통찰을 가진 여인으로 성장하는 데 도움이 되었다. 그녀는 하나님의 비밀을 이해한 여인이었다. 언제, 무엇을 해야 할지 명백히 알고 있었다.

주님의 말씀은 마리아의 생각을 드러낼 뿐 아니라 하나님께서 보시는 관점을 분명하게 가리켰다. 주님의 격찬은 그분의 말씀에 관심을 가지고, 그 말씀을 기반으로 행동하는 사람에게 내려진다. 그런 사람은 동료들의 비판을 두려워할 필요가 없다. 그는 가장 훌륭한 변호인, 예수님을 모시고 있기 때문이다.

**HER NAME
IS WOMAN:
LEADERS
AND
WANDERERS**

21

막달라 마리아

그리스도를 따르는 데 앞장선 여인
(요 20:1-18; 마 16:9)

> 달리시오, 마리아! 천국의 소리를 높이시오.
> 부르짖고 또 부르짖으시오. 방법에 신경 쓰지 마시오.
> 새로운 세상이 모두 기뻐하게 하시오.
> 그대는 최초의 사도요!
> _ 조지 맥도널드(George MacDonald)

막달라는 가버나움 시에서 약 5킬로미터 떨어진 갈릴리 호수 북서쪽 해안에 위치하고 있다. 마리아는 그곳에서 처음으로 예수님을 만났다. 그곳에서 주님은 귀신을 통해 그녀를 장악하고 있던 사탄으로부터 그녀를 구원해주셨다. 그녀의 삶에 이적이 일어났으며, 차츰 그녀는 모든 사정을 이해하게 되었다.

예수님을 만나기 전까지, 막달라 마리아는 가련한 여인이었다. 그녀는 귀신 들린 다른 사람을 보았을 때야 비로소 자기가 얼마나 가련했는지 이해했다. 그들은 더 이상 정상인으로 사회에 적응할 수 없었다. 흐트러진 얼굴 표정과 난폭한 눈을 가진 미치광이들은 마치 동물처럼 동굴 속을 돌아다녔다. 하나님께 지음받은 그들이 사탄에 의해 질식당하고 있었다.

이제는 죄가 우리를 다스리지 못한다. 그러나 우리는 연약하여
종종 하나님께서 우리를 해방시키셨다는 진실을 붙들지 못한다.
사탄에게 목을 졸리는 듯한 느낌을 받은 적이 있는가?
진실을 붙들기 위해 당신이 할 수 있는 구체적인 일은 무엇인가?

예수께서 일곱 귀신에게 마리아를 떠나라고 명령하셨을 때 그녀의 모든 것이 달라졌다. 매였던 그녀의 영혼도 자유롭게 되었다. 억눌렸던 그녀의 사지가 풀려났다. 그녀의 눈빛은 조용한 호숫가처럼 잔잔해졌다.

마리아는 자기에게 일어난 일을 정확하게 이야기할 수 없었다. 너무나 큰 경험이어서 도무지 말로 표현할 수 없었다. 오직 한 분만이 그것을 완전히 이해하셨다. 바로 예수님이었다. 그래서 그녀는 치료된 후에도 주님을 떠나려 하지 않았다. 결국 산업이 왕성하던 막달라를 떠나 예수님과 함께 갔다.

막달라 마리아는 여러 가지 이유로 예수님 가까이에 머물고 싶어 했다. 경험을 통해 그녀는 사탄의 세력을 얕볼 수 없다는 것을 알고 있었다. 귀신보다 더 우세하신 주님과 가까이 있지 않으면 그녀는 사탄의 공격을 막지 못할 것이다.

그녀는 자기를 다시 소유하려는 악한 자를 막아야 했다. 만약 그런 일이 또 일어난다면 그녀의 마지막은 처음보다 더 나쁠 것이 분명했다(눅 11:24-26).

> 당신이 예수님 가까이에 머물 수 있는 방법은 무엇인가?
> 예수님과 가까이함으로써 사탄의 공격을 막을 수 있었던
> 경험을 이야기해보라.

비록 자신을 지키기 위해 그리스도와 가까이 있었지만, 그것이 유일한 목적은 아니었다. 그녀는 사랑과 감사로 주님을 따랐다. 주님께 자기 소유물을 드리고, 조용히 집에 앉아 막달라 사람들에게 자신에게 일어났던 일을 이야기하는 것 이상의 일을 하고 싶었다.

한때 귀신에게 사로잡혔던 막달라 마리아는 이제 또 다른 열심을 보였다. 예수 그리스도께서 그녀를 사로잡으셨다. 문자 그대로 그녀를 어두움에서 빛으로, 사탄의 세력에서 하나님께로 돌이키셨다(행 26:18). 그러한 변화는 그녀의 미래에 커다란 영향을 주었다. 마리아는 이제 오직 주님 한 분만을 인정했다. 어떤 대가를 치르더라도 끝까지 주님을 따르기로 결정했다. 그렇게 그녀는 귀신 들렸다가 치료받은 다른 여인들처럼 예수님, 그리고 그분의 제자들과 함께 동행했다(눅 8:1-3).

> 당신의 삶이 그리스도의 사역에 대한 가시적 증거가 되는가?
> 그리스도께서 당신을 변화시키셨다는 것을
> 세상에 더 분명하게 보여줄 수 있는 방법은 무엇인가?

예수께서 십자가에 달려 돌아가신 지 3일째 되는 날이었다. 새벽 거리는 조용했고, 해는 아직 떠오르지 않았다. 어두움이 예루살렘의 좁은 거리에 덮여 있었지만 막달라 마리아는 그것을 전혀 인식하지 못했다. 또한 그녀는 자기와 함께한 다른 여인들(살로메, 요안나, 야고보와 요셉의 어머니 마리아, 그리고 다른 몇몇 여인[눅 24:10; 막 16:1])도 인식하지 못했다. 그들은 예수님의 시신에 향료를 바르기 위해 무덤으로 가는 길이었다. 안식일 의식이 시작되어 금요일 밤에 그 일을 중단해야 했기 때문이다(요 19:31).

그들은 성 바로 바깥에 위치해 있고 상당히 붐비는 골고다 쪽으로 바삐 걸어갔다. 좁은 거리는 몇 시간 안에 상인들의 상품 진열로 더 좁아질 것이며, 구걸하는 거지들이 손을 내밀 것이다. 하지만 그들은 아직 잠들어 있었다.

막달라 마리아는 무리들보다 앞장서서 걸었다. 그녀는 자기 주위에서 일어나는 일에 관심이 없었다. 그녀의 생각은 오직 한 방향으로 흘렀다. 생각이 뿔뿔이 흩어졌다가도 다시 한 곳에 이르렀다. 바로 주님이었다.

무엇이 당신의 생각을 그리스도께로 향하게 하는가?
얼마나 자주 예수님을 생각하는가?

그녀의 생각은 다시 한 번 과거의 사건으로 되돌아갔다. 갈릴리에서 예루살렘으로 가는 동안 예수님과 함께 있던 제자들과 다른 여인들은 마음이 무거웠다. 예수님께서 그들에게 그분을 기다리는 것이 무엇인지 말씀하셨기 때문이다.

예수님의 예고에도 불구하고 그들의 예루살렘 입성은 축제와 같았다. 큰 무리가 열정적으로 그들을 맞으며 즐거워했다. "호산나, 다윗의 자손이여!" "찬송하리로다. 주의 이름으로 오시는 이여, 하늘에 계신 하나님께 호산나 하리로다!"(마 21:9 참조). 그와 같은 기쁨의 소리를 지르며 많은 사람이 겉옷을 벗어 예수님이 지나가시는 길 위에 폈다. 어떤 사람들은 종려나무 가지를 손에 들고 그 가지를 길에 펴기도 했다(마 21:8).

그러나 황홀경은 오래가지 않았다. 며칠 뒤 같은 사람들이 이렇게 소리쳤다. "그를 없이 하소서! 그를 십자가에 못 박으소서!"(요 19:14-16 참조)

막달라 마리아의 주님이 그때부터 겪으신 고난은 여러 모습으로 나타났다. 그러나 마리아는 마지막까지 충성되게 주님을 따랐다.

군중들이 주님의 생명을 요구할 때 그녀는 재판소 안에 있었다. 그녀는 빌라도 총독이 예수님을 적들에게 내어주는 소리를 들었다. 그리고 십자가를 지고 빌라도 관저에서 갈보리로 내려가시는 주님을 따라갔다. 사람들을 지극히 사랑하신 주님을 그토록 조롱하고 채찍질하는 것을 보며 그녀는 가슴이 찢어지는 것 같았다.

크게 근심하면서 그녀는 주님께서 어떻게 채찍질을 당하시는지, 주님께서 어떻게 십자가의 무게 아래 비틀거리시는지 지켜보았다. 예루살렘에 있는 다른 많은 사람들처럼 그녀는 주님의 고통과 자기 자신의 슬픔으로 인해 눈물을 흘렸다. 자기를 위해 모든 것을 주셨던 그분께 그녀는 무언가를 해드릴 아무런 힘이 없었다.

예수님이 십자가에 달리신 사건을 읽으라

(마 26-27장; 막 14-15장; 눅 22-23장; 요 18-19장).

당신이 마리아라면 어떤 두려움과 감정을 느꼈을까?

십자가 밑에서 막달라 마리아와 다른 여인들은 주님의 손과 발에 못이 박히는 것을 보았다. 또한 군인이 주님의 옆구리를 찌를 때 피와 물이 땅으로 떨어지는 것을 보았다(요 19:34). 그 순간 제자들을 찾아보았지만 오직 한 사람, 요한을 제외하고는 모두가 주님을 버려두고 떠나버렸다.

이해하기 힘든 무시무시한 사건들이 하나씩 뒤를 이었다. 대낮에 하늘이 갑자기 어두워졌고, 그 상태로 3시간이 지났다. 강한 지진이 일어나 바위를 깨뜨리고 무덤 문이 열렸다. 죽었던 많은 남녀가 다시 살아났다(마 27:45-53).

무시무시한 사건 중에서도 그녀에게 가장 인상 깊었던 것은 예수께서 죽음 직전에 부르짖으신 외침이었다. "나의 하나님, 나의 하나님, 어찌하여 나를 버리셨나이까!"(막 15:34)

'왜!' 그녀는 고통스러워하며 스스로에게 질문했다. '왜 예수님은 하나님과 인간에게 그토록 버림받으셔야 했을까? 왜 주님은 자신을 구원하지 않으신 걸까? 그분은 능력이 많지 않으신가. 사탄과 죽음

보다도 능력이 많지 않으셨던가!'

막달라 마리아는 병과 연약함과 귀신 들린 것을 이기시는 예수님의 능력을 여러 번 보았다. 자연까지도 주님의 음성에 순종했다. 돌풍이 잔잔한 미풍으로 바뀌었으며 거센 파도가 작고 흰 거품으로 변했다. '그런데 왜?' 그녀는 마음속으로 울부짖었다. '왜 주님은 자기 자신을 위해 그 능력을 사용하지 않으셨을까? 왜? 왜 사용하지 않으셨을까?'

예수님의 고통을 보는 것은 참기 어려운 일이었지만, 그녀는 모든 것이 끝나고 예수님께서 "다 이루었다"(요 19:30) 말씀하실 때까지 그분 곁에 머물러 있었다. 그녀에게 어느 누구보다 귀중했던 주님으로부터 자신을 떼어놓을 수가 없었다.

그녀는 주님이 무덤에 묻히시는 것도 보았으며 이후 야고보와 요셉의 어머니를 제외한 모든 사람이 돌아간 뒤에도 무덤 옆에 있었다. 안식일이 시작되어 유대인의 율법 때문에 모두 돌아가야 할 때, 하는 수 없이 무덤가를 떠났다.

그러나 이제 안식일이 끝나고 모든 사람이 잠들어 있는 동안, 여인들은 무덤으로 가까이 가고 있었다. 그들은 안심했다. 억지로 하루를 쉰 그들은 이제 무언가를 할 수 있었다. 그리고 무덤이 가까워질수록 마음속에 중요한 문제가 떠올랐다. "우리가 무덤 앞에 있는 돌문을 굴릴 수 있을까?" 그들은 서로에게 물었다(막 16:3 참조). 그것만이 문제가 아니었다. 빌라도가 무덤에 파수꾼을 세우고, 예수님의 제자들이 시체를 훔쳐가지 못하도록 돌문에 인을 쳤다고 했다.

여인들이 도착했을 즈음에 해가 떴다. 주위에는 아무도 없었다. 예수님의 어머니와 제자들조차 새벽부터 무덤을 찾지는 않았다.

그들은 무덤 앞에 놓인 거대한 돌을 바라보며 숨을 죽였다. 믿을 수 없는 광경이지만 의심할 바 없는 사실이었다. 무덤이 열려 있었다. 돌문이 옮겨져 있었던 것이다.

막달라 마리아는 무덤 속을 들여다보지 않고 뒤로 돌아섰다. 예수님의 제자들이 이 일을 즉시 알아야 한다고 생각했기 때문이다. 그녀는 될 수 있는 대로 빨리 베드로와 요한의 집으로 갔다. "사람들이 주님의 시신을 가져갔어요." 그녀는 숨도 제대로 쉬지 못하며 말했다. "그들이 주님을 어디다 두었는지 모르겠어요"(요 20:2 참조).

베드로와 요한이 마리아와 함께 무덤으로 왔다. 여인들과 달리 그들은 돌이 치워진 굴 밖에 머물러 있지 않았다. 안으로 들어가서 수의가 차곡차곡 개어져 있는 것을 보고 예수님의 시신을 도둑맞았다고 생각했다. 정신이 멍하고 어리둥절해진 채 세사들은 성으로 돌아갔다. 그러나 마리아는 주님의 시신이 놓여 있던 그곳을 떠나지 못하고 눈물을 흘리며 무덤 밖에 머물러 있었다.

그녀는 마지막으로 무덤 속을 들여다보기 위해 몸을 굽혔다. 그러다가 천사와 시선이 마주쳤다. 하얗게 빛나는 옷을 입은 두 사람이 한 사람은 예수님의 시신이 놓여 있던 곳 머리맡에, 한 사람은 발치에 앉아 있었다. 그들이 물었다. "여자여, 어찌하여 우느냐?"(요 20:13). "사람들이 우리 주님을 어디로 가져갔는지 모르겠습니다." 그녀가 손으로 눈물을 닦으며 대답했다(요 20:13 참조). 그리고 나서 계속 주님을 찾으며 무덤 주변을 돌아보는데 밖에 어떤 사람이 서 있었다. 그녀는 '아리마대 요셉의 동산지기인가보다.' 생각했다.

"여자여, 어찌하여 우느냐?" 그 사람이 물었다(요 20:15 참조). 마리아의 얼굴에 눈물이 왈칵 쏟아졌다. 아무 설명도 없이 마리아는 다짜고짜 그에게 말했다. "주여, 당신이 만약 우리 주님을 가져갔다면 어디에 두었는지 말해주십시오. 그러면 내가 가서 그분을 가져가겠습니다"(요 20:15 참조).

막달라 마리아는 거듭난 이후 주님께 충성을 다했다. 마지막 순간까지 십자가 밑에 머물러 있었고, 예수님의 무덤에도 제일 먼저 찾아갔다. 이제 주님의 시신에 향유를 바름으로써 그녀는 주님을 향한 사랑의 행동을 마무리하려 했다.

그런데 그 순간 주님의 음성을 들었다. "마리아야!"(요 20:16)

부활 사건을 읽고(마 28장; 막 16장; 눅 24장; 요 20장)

당신이 마리아라고 생각해보라. 깊은 절망과 혼동에 빠져 있다.

그런데 예수님이 당신의 이름을 부르신다.

그 사랑의 음성을 들을 때 어떤 느낌이 들겠는가?

오직 한 분만이 그녀를 그렇게 부르셨다. 어느 누구도 그토록 깊고 따뜻하게 부를 수 없었다. 그녀의 내면에서 감정의 물결이 용솟음쳤다. 당황스러움, 기쁨, 감사, 그리고 주님께서 계속 계셨더라면 얼마나 좋았을까 하는 애모.

"랍오니여!"(요 20:16) 마리아가 말했다. 이것은 주님께서 그녀와 함께 계셨을 때 사용했던 소박한 아람어로, '**주님**'이라는 뜻의 친밀한 단어였다.

그 순간 막달라 마리아는 예수님의 부활의 최초의 증인이 되었다. 구원 이야기의 조건이 되는 중심 사상이 가장 먼저 그녀에게 계시되었던 것이다. 이 얼마나 놀라운 특권인가!

예수님의 말씀은 (주님이 다시 살아나시긴 했지만) 그 순간부터 사태가 달라지리라는 것을 증명했다. 주님은 그녀가 주님을 잡으려는 것을 막으셨다. "나를 붙들지 말라. 내가 아직 아버지께로 올라가지 아니하였노라. 너는 내 형제들에게 가서 이르되 '내가 내 아버지 곧 너희 아버지, 내 하나님 곧 너희 하나님께로 올라간다.' 하라"(요 20:17).

부활하신 주님은 그 사명을 맡기심으로써 마리아를 주님의 부활에 대한 최초의 선포자로 만드셨다. 그 영광은 주님의 가장 가까운 친구 요한이나 가장 탁월한 제자 베드로에게 주어지지 않았다. 예수님의 어머니조차 그 특권을 누리지 못했다. 그것은 그리스도를 따르는 길을 인도한 여인, 막달라 마리아를 위해 예비되었다.

마리아의 이야기는 예수 그리스도에 대한 빛을 던져준다. 그리고 한 인간에 대한 그리스도의 사랑과 사탄을 이기는 그분의 능력을 보여준다. 또한 그것은 주님께서 한 여인에게 보여주신 관심을 분명하게 드러낸다. 그녀의 이야기는 사랑과 감사로 주님께 자신의 전부를 드리는 자에게 하나님께서 참으로 특별한 권한을 준비해주신다는 사실을 예시해준다.

당신이 예수 그리스도와의 관계로 얻게 된 특권은 무엇인가?
이 특별한 선물을 주위 사람들과 나눌 수 있는 방법은 무엇인가?

　마리아가 예수님을 만나기 전의 생애는 칙칙한 악몽과 같았다. 예수님께서 그녀를 사탄의 권세에서 해방시켜 주신 뒤에 그녀는 비로소 의미 있는 삶을 살기 시작했다. 그리스도를 통한 새로운 삶은 예수께서 부활하신 아침에 또 다른 차원으로 부가되었다. 이 세상에서의 주님과 그녀의 관계는 끝났지만 이제 새로운 영적 교제가 시작되었다.

　7주 후인 오순절 날에 신자들에게 성령이 임하셨다(행 2:1-21). 그녀의 이름이 직접 언급되지는 않지만 마리아도 분명 그 자리에 있었을 것이다(행 1:14). 그 성령님께서 마리아가 그리스도께 계속 가까이 머물도록 도와주셨고 그녀가 예수님을 증거할 능력도 주셨다(행 1:8).

　막달라 마리아 이후에도 수많은 여인이 태어났지만, 그들 대부분의 이름은 잊혀진 반면 마리아의 이름은 지금까지도 전해진다. 우리 또한 깊은 헌신과 당당함으로 주님을 사랑할 때, 많은 사람을 그분께로 인도할 수 있을 것이다.

**HER NAME
IS WOMAN:
LEADERS
AND
WANDERERS**

22

루디아

하나님을 최우선에 두었던 사업가
(행 16:11-15, 40)

> 형제들아, 나는 아직 내가 잡은 줄로 여기지 아니하고
> 오직 한 일 즉 뒤에 있는 것은 잊어버리고
> 앞에 있는 것을 잡으려고 푯대를 향하여
> 그리스도 예수 안에서
> 하나님이 위에서 부르신 부름의 상을 위하여 달려가노라.
> _ 바울(빌 3:13-14)

빌립보의 안식일이었다. 빌립보는 에게 해(Aegean Sea)와 아드리아 해(Adriatic Sea) 사이에 있는 상업의 중심지 마게도냐에 위치한 중요 도시였다. 또한 이곳은 로마의 교통로인 에그나티아 가도(the Via Egnatia)를 통해 중동과 유럽을 연결시키는 다리 역할을 했다.

어느 아시아 여인이 그 도시를 빠져나와 기도회가 열리는 강가로 급히 걸어갔다. 루디아라는 이름의 그 여인은 중요한 인물이었다. 그녀는 사업을 하고 있었다. 자기 고향 소아시아에 있는 두아디라 성에서 부자와 왕들만 입는 비싼 자줏빛 옷감을 수입해왔다.

루디아는 매우 존경받는 여인이기도 했다. 그녀는 여러 하인을 거느리고 넓은 집에서 살았다. 루디아 지역에서 나오는 자줏빛 옷감 시

장은 그리스 로마에서 명성이 높았으므로 그녀의 사업은 성공적일 수밖에 없었다. 그 물건은 어디서나 인기였다. 또한 그녀는 지적이었고 열성과 목표를 가지고 일했던, 생각이 명확한 사람이었다. 그녀는 자기가 하는 일 때문에 흥미로운 사람들을 많이 만날 수 있었다. 그 시대에 독립적인 여인이 된다는 것만으로도 그녀는 매우 특별했다.

하지만 그녀는 다른 사업가들처럼 자기 일에 완전히 마음을 빼앗기지 않았다. 할 일이 많을 때도 좀 더 중요한 일에 시간을 할애했다. 다른 사람들처럼 아폴로 신을 경배하는 대신 그녀는 유일하신 참하나님을 경배했다. 바쁜 일정에서도 하나님을 위해 시간을 냈다. 루디아는 사업가인 자신에게 하나님의 인도하심이 필요하다는 것을 깨달았다. 그래서 그날도 기도회를 향해 가고 있었다.

바쁠 때 하나님과 함께하는 시간을 할애하는 방법은 무엇인가?
매일 하나님과 함께하는 시간을 확보하기 어렵다면,
가능한 방법을 보여달라고 기도하라.
좀 더 빨리 일어나거나 늦게 잠들거나
점심시간이나 아이들의 낮잠 시간을 활용하라.
이 일을 최우선으로 삼으라.

그 모임에는 적은 인원이 모였고 모두 여자들뿐이었다. 빌립보에는 공회를 여는 데 필요한 유대 남자가 열 명도 못 되었기에 할 수 없이 여자들이 옥외 집회를 열었다. 그런데 오늘은 예기치 않은 손님들

이 찾아왔다. 그들은 학식이 많은 사람들이었다. 위대한 전도자요 선교 사도인 바울과 그의 동역자 실라와 누가와 디모데가 드로아에서 이곳에 도착했다. 사실 바울에게는 원래 다른 계획이 있었다. 그는 비두니아로 가려 했다. 그런데 예수님의 영이 그곳에 가는 것을 막으셨다. 그렇게 마게도냐로 가는 것이 매우 시급하다는 사실이 분명하게 전달되었고(행 16:7-10), 결국 그는 이곳 빌립보에서 여인들에게 설교하게 되었다.

그는 사람들을 구속하기 위해, 죄가 하나님과 사람 사이에 만들어 놓은 공백을 메우도록 그 아들을 이 땅으로 보내신 아브라함의 하나님에 대해 이야기했다. 그리고 예수 그리스도를 믿음으로 말미암는 구속과 영생과 삶에 대한 새로운 소망을 전했다(행 3:13-16; 롬 8:1, 16-17). 그 모든 말에 루디아는 온 마음을 다해 열심히 귀를 기울였다.

파스칼은 하나님께서 인간의 마음속에 그분만이 만족시키실 수 있는 공백을 만들어 놓으셨다고 했다. 그 말처럼 루디아는 마음속으로 좀 더 깊은 믿음의 체험을 갈망했다. 하나님에 대한 루디아의 지식은 아직 피상적이었다. 그녀는 하나님을 예수 그리스도 안에서 자기 아버지로 알고 있지 않았다. 하지만 그녀의 마음은 하나님께 고정되어 있었고 하나님의 말씀에 민감했기 때문에, 하나님께서는 그녀의 마음을 쉽게 감동시키실 수 있었다. 그러려면 먼저 그녀가 하나님 말씀에 주의를 기울여야 했다. 하나님께서 누군가에게 다가가실 때에는 그가 그다음 단계를 취하기 바라시기 때문이다. 그 단계가 취해질 때, 하나님은 비로소 그에게 하나님 자신을 증명하신다.

하나님은 오늘 당신이 어떤 단계로 나아가길 원하시는가?

말씀의 씨앗은 마치 준비된 땅과 같은 그녀의 마음속에 떨어져(눅 8:15) 새로 거듭나는 결과를 낳았다(벧전 1:23). 그녀는 자기 경험 속에 빠져 있었던 고리, 즉 예수 그리스도에 대한 개인적인 믿음을 발견했고, 진정한 그리스도인이 되었다. 이 열정적인 여인은 그러한 사실을 즉시 공개적으로 간증하기 원했다. 지금 이 순간, 모든 사람이 자기 마음속에 있는 행복을 알게 되기 바랐다. 그녀는 세례를 받았다. 그리고 다음과 같이 고백했다. "나는 예수 그리스도의 죽음과 부활과 나 자신을 동일시하며, 새로운 삶을 시작하겠습니다"(롬 6:3-5 참조).

그녀의 새로운 중생은 자석처럼 다른 사람들을 그리스도께로 이끌었다. 첫 번째는 바로 그녀의 가족이었다. 그들은 말씀에 귀를 기울일 뿐 아니라 그 말씀을 믿었다. 그리고 세례를 받음으로써 사기들의 믿음을 확인했다. 그리하여 빌립보에서 최초의 교회가 생겨났다.

어떻게 하면 당신의 믿음을 주위 사람들에게 전할 수 있는가?
사람들이 당신을 통하여 하나님을 만날 수 있도록
더 잘 전할 수 있는 방법은 무엇인가?

바울은 이제 자기가 왜 마게도냐로 향하게 되었는지 궁금하지 않았다. 사람들이 거듭나고 있었다. 유럽 최초의 그리스도인들이었다.

루디아를 통해 새로운 대륙이 복음을 향해 열리고 있었다.

많은 사람이 그녀의 본을 따랐다. 그녀처럼 그리스도를 받아들였고 그다음 세대에서 더욱 그러했다. 하나님에 대한 루디아의 열정은 다른 사람의 삶에도 열매를 맺었다. 그녀를 통해 그리스도인이 늘어났다. 그것은 하나님이 모든 그리스도인에게 기대하시는 바다. 천지 창조 때 하나님은 사람과 짐승들에게 땅에 충만하라고 명하셨다. 그들은 종류대로 열매를 맺도록 되어 있었다(창 1:24-29). 예수께서 제자들에게 열매를 맺으라고 하신 것(요 15:1-16)은 말씀의 씨를 통해 영적인 생명을 갖게 하라는 말씀이었다(요 17:20). 그리스도인은 다른 사람들을 그리스도께 인도하면서 성장한다. 바로 루디아가 그렇게 했다.

―

당신은 영적으로 성장했는가? 그것이 어떤 모습으로 나타나는가?
그렇지 않다면 이번 주에 그런 열매를 맺기 위해
할 수 있는 일을 한 가지 생각해보라.

―

그리스도인이 된다는 것은 루디아에게 매우 실제적인 문제였다. 그녀는 수녀가 되거나 전임 사역자가 된 것이 아니었다. 그녀는 자기 직업을 계속 가지고 있었다. 자기 자신과 사업과 재산을 최대한으로 그리스도를 위해 사용함으로써 자기 이름을 명예롭게 했다.

―

당신이 현재 맡고 있는 역할로 그리스도를 섬길 방법은 무엇인가?

―

그녀가 제일 먼저 드린 것은 그녀의 가정이었다. 그녀는 바울과 그의 동료들에게 자기 집에 머물라고 강권했다. 그들이 그 권유를 받아들였다는 것은 그녀의 믿음을 진지하게 생각했다는 것을 증명한다. 그런 방법을 통해 그녀는 믿지 않는 자들 앞에서 복음과 자신을 동일시했다. 그녀는 그리스도를 부끄러워하지 않았다. 상하고 상처받은 바울과 실라가 불법적으로 감옥에 갇혔다가 돌아왔을 때도 그들을 부끄러워하지 않았다. 그 도시 사람 누구나, 그 유명한 루디아가 그 사람들을 자기 집에 유숙시키는 것을 특권으로 여긴다는 사실을 알고 있었다. 하나님께서는 그리스도인들이 다른 사람에게 그들의 가정을 열어서 그들이 하나님께 받은 것으로 서로 섬기기 원하신다. 하나님께서는 그분이 맡기신 재산을 그들이 잘 운영하기 바라신다(벧전 4:9-10). 손 대접하기를 잘하는 사람들은 놀랍게도 자신들도 알지 못하는 사이에 천사들을 대접했다는 것을 깨달을 것이다(히 13:2). 아브라함이 그것을 경험했나(창 18:1-15, 19:1). 그것이 세세하게 설명되지 않았지만, 루디아 역시 그러한 사실을 알았다.

―

당신의 손님 대접은 어떠한가?
경건한 손님 대접을 위해 이번 주에 할 수 있는 일은 무엇인가?

―

그때부터 루디아의 수입은 그 자체가 목적이 되지 않고 복음 전파를 위한 하나의 수단이 되었다. 루디아는 하나님의 영광을 위해 자줏빛 옷감을 팔았다. 하나님은 그녀의 우선순위 중 최고의 위치를 차지하셨다. 그녀는 사회적으로는 물론 지리학적으로도 중요한 위치에 있었다. 그 소식은 여러 국제 무역로에 위치한 이 상업 도시로부터 빠르게 퍼져나갔다. 그때부터 루디아의 집에서는 자줏빛 옷감의 보따리와 함께 문명 세계 도처로 복음이 퍼지게 되었다. 사도들에게 깊은 인상을 준 여인과 새로운 확신을 가진 그녀의 가족은 사업에서 크게 성공했고, 결국 그녀의 사업은 양면에서 성공을 이루었다.

당신이 일상생활에서 사용하는 은사와 재능은 무엇인가?
어떻게 해야 그리스도를 위해 그것을 더 많이 사용할 수 있는가?

몇 년 뒤 바울이 로마 감옥에서 빌립보교회에 편지를 쓸 때, 그는 복음을 전파하기 위해 그와 함께 열심히 일했던 여인들에 대해 언급했다(빌 1:3-7, 4:3). 아마도 그는 루디아와 그녀의 집에서 만났던 다른 사람들을 떠올렸을 것이다.

루디아는 자신에게 주어진 많은 것을 주님을 위해 사용했다. 그녀는 삶 속에서 하나님을 가장 중요하게 여기는 사람을 통해 하나님이 얼마나 많은 일을 하실 수 있는지 증명하고 있다.

루디아가 하나님의 일에 우선순위를 두었다는 것이 어떻게 드러났는가?
그녀에게서 배운 것은 무엇인가?
그리고 일상생활에서 그것을 실천할 수 있는 방법은 무엇인가?

**HER NAME
IS WOMAN:
LEADERS
AND
WANDERERS**

23

브리스길라

복음을 전파한 여인
(행 18:1-4, 18-20, 24-26; 롬 16:3-5; 고전 16:19)

> 유대와 그리스–로마 문화에서는
> 여자가 남자 앞에서 글을 읽는 것조차 금지하는 경우가 많았다.
> 그러므로 브리스길라는 하나님과 교회와 아볼로의 허락을 받고 남자들을 가르쳤을 것이다.
> 2세기의 변증가인 테르툴리아누스는 "경건한 브리스가에 의하여 복음이 선포되었다"고 썼다.
> 요한 크리소스톰은 그녀를 교사들의 교사라고 불렀다.
> 그 밖의 고대 자료들도 그녀의 사역을 소개한다.
> _ 하이디 브라이트 패럴스(Heidi Bright Parales)

브리스길라. 그녀의 이름이 역사적으로 보존되어 왔다는 사실은 그녀가 뛰어나고 현명한 여인이었음을 증명해준다. 남편의 이름보다 그녀의 이름이 먼저 나오는 것이 한층 더 그 사실을 증명한다.

그러나 로마에서 존경받고 재미있었던 그녀의 생활은 글라우디오 황제가 모든 유대인을 로마에서 쫓아낸 AD 50년에 끝나버렸다

브리스길라와 아굴라는 로마를 떠나 그들이 태어난 소아시아로 가서 고린도에 정착했다.

그들의 생활은 끝난 것처럼 보였지만, 그들을 위한 하나님의 청사진은 곧 새로운 시작을 드러냈다. 매혹적인 봉사의 삶이 그들을 기다리고 있었다.

> 살면서 막다른 골목에 다다른 것 같았던 때를 생각해보라.
> 그때 하나님이 새롭게 행하신 일은 무엇인가? 시련을 당할 때,
> 과거에 경험한 하나님의 신실하심을 생각하며 힘을 얻는가?
> 이것이 다른 사람들을 격려하는 데 어떻게 도움이 되는가?
>
> (고후 1:3-4 참조)

그들은 많은 것(재산과 친구들)을 두고 떠나왔다. 그러나 그들 부부는 서로 조화를 이루었고 그들의 결혼생활도 계속되었다. 그들에게는 훗날 바울이 해이한 생활을 하는 고린도 교인들에게 썼던 경고의 편지가 필요 없었다. "너희는 믿지 않는 자와 멍에를 함께 메지 말라. 의와 불법이 어찌 함께하며 빛과 어두움이 어찌 사귀겠느냐?"(고후 6:14 참조) 이 부부는 믿음으로 함께 거하는 특별한 방법으로 하나가 되었다(암 3:3).

그들은 바울이 떠나기 직전에 고린도에 도착했다. 바울은 이 부부를 신임했으며 복음이 더 널리 전파되도록 기꺼이 그들과 함께 생업을 나누었다.

브리스길라와 아굴라는 둘 다 학식과 직업이 있었다. 유대인은 아무리 부유하더라도 자기 자녀에게 장사를 가르쳤다. 목수였던 나사렛 예수님도 자기 손으로 일하는 것이 명예로운 일임을 증명하시지 않았는가.

그들은 장막을 만드는 사람들이었고 바울 역시 장막 짓는 자였기

때문에 그 일이 그들을 연결해주었다. 그들은 함께 일했을 뿐 아니라 함께 살았다. 바울은 매일매일 함께 생활하는 것이 가장 좋은 훈련임을 잘 알고 있었다. 예수님처럼 그는 장래의 동역자들을 조심스럽게 선택했다(막 3:14).

당신의 믿음의 동역자는 누구인가?
미래의 동역자로 삼을 만한 사람은 누구인가?

그들은 오늘날 중동에서 흔히 볼 수 있는 것과 비슷한 조그마한 옥외 상점에서 일했다. 매일같이 그들의 손에서 염소 가죽과 다른 짐승의 가죽이 유용한 장막으로 바뀌어가는 동안 서로 많은 이야기를 나누었다. 바울은 매일 그들의 필요에 따라 하나님의 말씀을 강론했다. 그리고 그들은 그것을 어떻게 적용할 것인지에 대해 배웠다(빌 4:9).

브리스길라와 그녀의 남편은 바울의 가르침에 열심히 귀를 기울였다. 그들은 바울이 안식일에 회당에서 설교하는 메시지에 관심을 가지며 그를 위해 기도했다. 그리고 바울이 문제를 당할 때 그와 함께 있었다.

그들은 바울을 위해 그들의 생명까지도 줄 준비가 되어 있었다. 브리스길라와 아굴라는 그들의 믿음과 일뿐 아니라 바울에 대한 존경과 우정으로도 연합되어 있었다. 그 충성스러움은 외로운 바울에게 특별한 의미가 되었다. 때문에 바울은 죽기 직전에 그들에게 문안 편지를 보냈다(딤후 4:19).

사도행전 28장 30-31절을 읽으라. 이 본문과 브리스길라의 삶이
어떤 면에서 복음을 전파하는 독특한 기회가 되는가?

바울의 일상 가장 사소한 부분까지 지켜본 브리스길라는 그가 말하는 것만큼 그의 삶에서도 깊은 감동을 받았다. 그녀의 마음속에서 이 사람을 따르고 싶다는 열망이 일어났고, 바울은 어떻게 하는 것이 그리스도를 따르는 것인지 매우 분명하게 설명해주었다(고전 11:1).

그들은 정통 유대인으로서 구약의 가르침을 잘 알고 있었다. 그러나 그리스도에 대한 믿음의 새로운 지식과 인간의 마음속에 내재하신 성령의 역사하심은 그들의 삶에 새로운 도전을 가져다주었다.

바울은 18개월 만에 고린도를 떠났고 그동안 교회가 세워졌다. 브리스길라와 아굴라는 그와 함께 에베소까지 갔다. 믿는 유대인들은 바울이 더 머물기 바랐지만, 그는 도착한 지 얼마 후 그곳을 떠나 가이사랴로 전도 여행을 떠났다. 바울이 브리스길라와 아굴라와 함께 보낸 시간의 열매는 그때 분명해졌다. 에베소에는 바울이 더 이상 필요 없었다. 브리스길라와 아굴라가 그곳에 남아 훌륭하게 바울을 대신했기 때문이다. 그의 필생의 사역이 그들을 통해 계속되고 있었다.

당신의 영적 여정을 위해 투자해준 사람은 누구인가?
그 사람이 당신에게 전해준 유산은 무엇인가?

그러한 사실은 알렉산드리아로부터 온 유대인 설교자 아볼로가 에베소로 왔을 때 매우 분명해졌다. 그는 사람들에게 열정적이고 확신을 주는 말로 예수님에 대해 이야기했다.

그러나 그의 설교는 사실이었지만 불완전했다. 브리스길라와 아굴라는 그 메시지의 부족한 점을 금방 알아냈다. 그들은 그의 설교가 요한의 세례에 머물고 있다는 것을 깨달았다. 그는 놀라운 복음 이야기, 그리스도의 죽음과 부활의 결과를 알지 못하고 있었다. 성령의 부어주심에 대해서도 듣지 못한 것 같았다.

그들은 교만하지 않게 기술적으로 그를 집으로 초대하여 복음을 모두 설명해주었다.

성경은 이것을 몇 마디로 묘사하고 있지만, 브리스길라의 역할과 인격은 숨겨지지 않는다.

―

성경에 대한 오해를 바로잡는 기초는 무엇인가?
복음을 불완전하게 가르치는 사람들을 바로잡으려 할 때
어떤 태도를 가져야 하는가?

―

브리스길라는 사랑과 지혜로 이야기했다. 때문에 학식 높고 은사 있는 설교자였던 아볼로도 이 평신도 부부의 말을 받아들였다.

그녀는 자기의 지도력을 간접적으로 드러내면서 자신의 강한 성격을 숨겼다.

이것이 브리스길라에게서 특별히 주목할 만한 점이다.

당신의 성격은 당신의 리더십을 어떻게 보여주는가?
브리스길라의 예를 통해 무엇을 배우는가?

그것이 바로 그녀와 동역했던 남자들이 그녀에게 고마워했던 이유였을지 모른다. 아볼로가 브리스길라와 그녀의 남편에게서 들은 것은 무엇일까? 분명히 바울이 그들에게 한 말이었을 것이다. 그들은 아볼로에게 예수님이 약속된 메시아이자 그리스도이심을 성경으로 증명했다.

브리스길라와 아굴라는 바울이 훗날 그의 영적인 아들 디모데에게 보냈던 편지 내용과 비슷한 영적 반응을 연결하기 시작했다. "또 네가 많은 증인 앞에서 내게 들은 바를 충성된 사람들에게 부탁하라. 그들이 또 다른 사람들을 가르칠 수 있으리라"(딤후 2:2).

바울이 브리스길라(혹은 그가 부르고 싶어 했던 내로 브리스가)와 아굴라에게 가르친 것을 그들은 차례로 아볼로에게 전달했다. 아볼로 또한 그것을 다른 사람, 즉 고린도 사람들에게 전달했다!

이렇게 해서 브리스길라와 아굴라는 그들 자신을 성장시키며 영적인 열매를 맺기 시작했다. 그들은 한 생명에게 감동을 주었고 그 생명은 꽃이 피어 한 사람의 제자가 되었다(고전 16:12). 그들은 아볼로 역시 다른 사람들에게 진리를 전파하고 복음을 완성시킬 수 있을 것이라 믿었다. 실제로 바울이 소아시아로 돌아오기 전에 팔레스타인으로 여행하는 동안, 브리스길라와 아굴라가 에베소에 있는 그들의 가정을 열어서 교회를 세우는 동안, 아볼로는 고린도에 있는 교인들에게 말씀을 전했다. 말씀의 씨가 준비된 땅에 떨어졌기 때문에(벧전 1:23) 하나님의 말씀이 빨리 자라났다. 개인적인 양육이 성장과 새로운 생명을 가져왔다.

예수님은 모든 그리스도인을 제자로 부르신다.
당신은 다른 사람을 제자 삼고 있는가?
아니라면 당신이 제자로 훈련할 수 있는 사람은 누구인가?
그 사람과의 제자 훈련을 어떻게 시작하겠는가?

얼마 후에는 부부가 더 이상 에베소에 있을 필요가 없었다. 그곳에 세워진 교회가 그 일을 계속할 수 있었다. 하나님께서는 그들을 로마로 이끄셨다. 글라우디오는 죽었다. 로마에서 또다시 브리스길라와 아굴라의 집이 그리스도인들의 모임 장소가 되었다.

이제 바울은 그들을 예수 그리스도 안에서 동역자라고 불렀다. 과거의 제자가 귀중한 동역자로 성장했다. 그들은 유대인들은 물론이고 유대인이 아닌 사람들에게까지 모든 교회에서 감사한 사람들로 기억되었다.

그들이 로마에 머문 기간은 짧았다. 아마도 네로 밑에서의 엄청난 핍박 때문이었을 것이다. 그러나 그들이 거기 있는 동안 또 다른 교회가 시작되었다. 그들이 가는 곳마다 사람들은 예수 그리스도를 믿게 되었고, 삶이 변하며 새롭게 되었다.

당신은 주변에 어떤 영향을 미치고 있는가?
어떤 믿음의 유산을 남기기 원하는가?

그들은 에베소로 돌아갔다. 구전에 의하면 그들은 결국 단두대에서 순교했다고 한다. 로마 가톨릭 교회에서는 순교자의 역사 중 하루, 즉 7월 8일을 그들의 날로 기념하고 있다.

브리스길라는 뛰어난 여인이자 아내였다. 또한 그녀는 바울과의 우정과 동역 때문에 역사적으로 중요한 위치를 차지했다.

역사와 비문은 남편의 이름보다 그녀의 이름을 더 자주 언급한다. 그녀가 남편보다 더 지적이고 교육을 잘 받았기 때문에, 혹은 성격이 더 강했기 때문일까? 아니면 그녀가 남편보다 먼저 그리스도인이 되어서일까? 그녀가 남편을 그리스도께로 인도해서일까?(벧전 3:1-2) 이에 대해 성경은 아무 말도 하지 않는다.

하지만 그녀의 결혼은 분명 매혹적이었다. 두 배우자는 삶의 모든 영역에서 함께 조화를 이루며 각자의 기능을 발휘했다.

그들의 믿음에서, 사회적이고 영적인 관심에서, 우정에서, 하나님의 말씀이 그들 삶에서 차지한 위치에서, 개인적인 공부와 설교에서, 그리고 자기 자신을 남김없이 남에게 주려는 기쁜 마음에서 그들은 그렇게 했다.

배우자와 하나님 사이에 가져야 할 이상적인 관계의 본보기를 삶으로 보여주었다(고전 11:3).

> 하나님이 의도하신 결혼은 브리스길라와 아굴라의 예처럼
> 하나님 나라를 위한 역동적인 파트너십이다.
> 당신이 속한 공동체에서 이런 모델을 볼 수 있는가?
> 그 모델에게서 무엇을 배울 수 있는가?

삶은 브리스길라에게 많은 것을 요구했다. 그녀는 거듭되는 새로운 상황에 적응하기 위해 언제나 힘을 내야 했다. 또한 그녀는 길고 피곤한 여행을 했다. 복음의 진전을 위해 목숨을 내놓았다. 그녀는 당시로서는 매우 보기 드문 여인이었다. 남자들과 동등하게 일했고, 사랑과 존경까지 얻었기 때문이다.

또한 브리스길라의 생애는 오랫동안 소홀히 다루어온 것, 즉 복음 전도와 교회를 위해 가정을 제공하는 것의 가능성을 보여주었다. 바울도 브리스길라와 아굴라로부터 그것을 배우지 않았을까? 그의 모든 문이 닫혔을 때 바로 그 방법을 사용했으니 말이다(행 28:30-31). 오늘날에도 브리스길라는 많은 사람에게 하나님 나라의 확장을 위해 그들의 가정을 열도록 영감을 불어넣어준다.

브리스길라가 역사적으로 남아 있는 것보다 훨씬 더 중요한 것은 수세기 동안 그녀가 한 가지 이상의 방법으로 사람들에게 그리스도를 따르도록 도전을 주었다는 사실이다. 그녀가 죽은 지 수세기가 지난 오늘날에도 그녀의 삶은 복음을 선포하는 데 있어서 필요한 열매 맺는 생활과 결혼생활의 비결을 보여주고 있다.

**HER NAME
IS WOMAN:
LEADERS
AND
WANDERERS**

24

뵈뵈

섬기는 리더십을 가졌던 여인
(롬 16:1-2)

> 여러 나라를 여행하며 만난 사람 중
> 가장 매력적인 사람들은 몇몇 독신 선교사들이다.
> 그들은 어디서나 긍정적인 삶을 살고 있다. 자신들의 본능적인 욕망과 정력을
> 예수 그리스도의 이름으로 자기 주변 사람들을 돕는 데 사용하고 있었다.
> 그들을 지켜보면서 나는 큰 영감을 받았다.
> _ 아다 룸(Ada Lum)

고린도 동쪽에 있는 겐그레아교회의 일꾼 뵈뵈는 여행을 끝마쳤다. 그 여행은 남자들도 주저하는 길고도 위험한 여행이었다.

그녀는 육지를 넘고 바다를 건너는 여행을 했다. 거칠고 울퉁불퉁한 산길을 끝없이 걸었기 때문에 발에는 물집이 생겼다. 삐걱거리는 배로 마케도니아에서 지중해를 건너 이탈리아로 갈 때는 그녀의 용기가 시험되었다. 그러나 그 모든 상황에서 그녀는 언제나 자기 임무를 잊지 않았다. 그녀는 바울의 편지를 손상시키지 않고 로마에 있는 그리스도인들에게 전달해야 했다.

드디어 그녀의 눈앞에 로마시가 펼쳐졌다. 영원한 도시 로마가 그녀의 눈앞에, 7개의 언덕 위에 놓여 있었다. 그녀가 걷고 있는 아피

아 가도(Appian Road)는 바로 그 도시의 심장부로 통하는 길이었다. 이 여행은 뵈뵈에게 여러 면에서 흥미진진한 모험이었다. 무엇보다 이 여행을 통해 그녀는 견문이 넓어졌다. AD 57년에는 극소수의 사람들만이 여행하는 특권을 누릴 수 있었고, 그나마도 대부분이 남자 여행자였다. 활자에서부터 대중 매체까지 온 세계가 개방되려면 수세기가 걸릴 것이다. 사람들은 여전히 고립되어 있었으며, 자신들이 살고 있는 도시 밖의 사람들에 대해서는 아는 것이 거의 없었다.

이 여행은 뵈뵈에게 다른 나라와 역사상 가장 매혹적인 도시 중 하나를 방문할 기회를 제공했을 뿐 아니라 다른 그리스도인들을 만날 기회도 가져다주었다. 같은 믿음을 나눈다는 공통점 외에는 그들과 그녀는 여러 면에서 달랐다.

> 다른 상황(문화적, 사회·경제적 상황 등)에 속한
> 그리스도인과 만났던 때를 돌이켜보라.
> 그 만남에서 무엇을 배웠는가?

뵈뵈는 독신이지만 외롭지 않았다. 그녀의 삶은 전혀 공허하지 않았다. 그녀는 기꺼이 남을 섬기며 성취감을 느꼈다. 남을 위해 자신을 내줌으로써 외로움을 멀리 쫓아버렸다. 뵈뵈는 그러한 삶이 사람들, 특히 독신자들을 외로움에서 끄집어낸다는 것을 잘 알고 있었다. 남의 필요를 채워주려는 열린 마음이 그녀의 삶을 충만하고 풍요하게 만들었으며, 흥미 있고 다양한 모험을 가져다주었다.

───

외로움을 느껴본 적이 있는가?

그때 주위 사람들을 멀리했는가, 아니면 더 가까이했는가?

다른 사람이 고독할 때 당신이 그 해결책이 되어주는가?

그러한 개념에 대해 어떻게 생각하는가?

───

뵈뵈는 로마에서 그 원리를 경험했을 것이다. 그곳에 있는 그리스도인들은 그녀를 낯선 자로 받아들이지 않았을 것이다. 그녀의 가장 귀중한 짐인 바울의 두루마리에는 전달자를 위한 따뜻한 보증이 포함되어 있었다. 따라서 그들은 그녀를 따뜻한 관심으로 맞아주었을 것이며, 명예롭게 대우했을 것이다.

바울은 "무엇이든지 그에게 소용되는 바를 도와줄지니"라고 기록했다(롬 16:1-2). 언제나 남을 먼저 생각하던 뵈뵈가 이번엔 도움을 받을 것이다. 그 말은 뵈뵈에 대한 바울의 충성스러운 우정과 존경을 증거한다.

번번이 로마 방문을 연기해야 했던 바울은(롬 1:13) 뵈뵈를 통해 로마의 그리스도인들과 최초의 접촉을 감행했다. 그가 친히 로마를 방문하려면 3년은 더 기다려야 할 것이다. 그때까지 로마 교회는 뵈뵈의 눈을 통해 바울을 볼 것이다.

탁월한 그리스도인 지도자 바울은 자신의 평판을 한 여인의 손에 맡겼다. 그것은 모험이다. 하지만 바울은 뵈뵈를 통해 그러한 모험을 감행했다. 그는 뵈뵈가 좋은 평판으로 그를 대신해줄 것을 알고 있었다. 하나님을 사랑하고 그분을 섬기려는 뵈뵈의 마음이 그것을 증명했다. 그녀는 능력이 있고 위엄을 갖추었으며, 큰 책임을 맡길 만큼 신뢰할 수 있었다.

당신이 속한 공동체(교회, 직장, 친구, 가족)에서 어떤 평판을 받고 있는가?
당신은 다른 사람의 평판을 대신할 만큼 신뢰할 수 있는 사람인가?

로마 사람들에게 보내는 바울의 편지에는 그의 가장 완성된 복음 선포가 들어 있었다. 그리스도의 메시지가 로마에서 세계로 퍼질 것이다. 그 편지에서 바울은 복음의 모든 기본 원리를 설명했다. 그는 편지를 접하는 그리스도인들이 모든 인간은 죄인이라는 사실을 알기 원했다(롬 3:23). 인간은 죄 있는 부모에게서(롬 5:12) 태어났고 죄를 행했으니, 이 두 가지 사실로 죽음의 벌을 받아야 마땅한 것이다. 한 사람의 예외도 없이 하나님 없는 인간은 잃어버린 상태에 있다(롬 6:23). 또한 인간은 거룩하신 하나님 앞에 존재할 수 없는 피조물이다(롬 3:10-18). 그것은 인류 역사상 가장 어두운 사실이다.

그러나 바울의 편지는 인간의 가장 큰 문제만을 지적하지 않는다. 하나님의 위대한 해결책도 내포하고 있다. 인간은 그 끔찍한 형벌을 받을 필요가 없다. 인간은 자기 죄 때문에 정죄받지 않는다. 하나님께서 보내신 중보자에게 호소함으로써 자기의 무서운 운명을 모면할 수 있다.

예수 그리스도(하나님의 아들)께서는 죄가 없으신데도 불구하고 죽음의 대가를 치르셨다(롬 5:8). 그리스도는 그의 대속적인 사역을 받아들이고(롬 8:1) 자기가 죄인임을 인정한 사람들에게 완전한 죄 사함을 주신다. 그들은 예수 그리스도를 믿고 의지하며 그리스도를 위한 그들의 결정을 공개적으로 선언해야 한다(롬 10:9-10).

그리스도의 메시지를 믿고 변화되는 사람은 영적 죽음을 받는 정죄를 당하지 않을 것이다. 영원히 하나님과 분리되는 대신, 새롭고 영원한 영적 생명을 받을 것이다. 그렇게 그는 하나님의 자녀가 될 것이며, 성령님께서 그에게 그 진리에 대한 깊은 내적 확신을 주실 것이다(롬 8:16-17).

믿음의 기초를 계속 쌓으면서, 바울은 로마 사람들에게 구원의 확신에 대해 가르쳤다(롬 8:31-39). 그는 하나님과의 동행과 성령의 능력을 힘입은 삶에 대해 이야기했다. 복음을 위해 뵈뵈가 기꺼이 로마 사람들에게 가져간 그 편지에서 바울은 그것을 포함한 위대한 진리들을 정의 내리고 있다.

―

당신이 이 편지를 받은 로마 교회 사람이라고 생각해보자.
바울이 박해 상황에서 뵈뵈에게 위탁한 진리를 읽을 때
어떤 느낌이 들겠는가?

―

성경은 뵈뵈가 어떻게 그리스도에 대한 개인적인 믿음을 갖게 되었는지 말해주지 않는다. 그녀의 생애를 묘사하는 짧은 구절로는 너무 빈약하다. 하지만 그녀의 믿음은 분명 그녀의 삶이 되었고 그녀

행동의 동기가 되었다. 그녀는 그리스도에 대한 믿음이 모든 신도들을 하나의 커다란 가족으로, 즉 문화를 초월하는 하나의 가족으로 묶어 놓는 교회의 한 자매였다. 그리고 그들은 형제자매와 같이 서로의 필요를 채워주었다.

당신은 전 세계 그리스도인들을 형제자매로 여기는가?
우리의 초문화적 신앙을
보다 실제적으로 만드는 방법은 무엇인가?

뵈뵈에게 있어서 **자매**라는 말은 상호 영적인 관계만을 가리키지 않는다. 그것은 또한 신분에 대해서도 말해주었다. 여자가 남자보다 훨씬 낮은 위치에 놓이는 사회에서 뵈뵈는 하나님 자녀들의 커다란 가족 안에서 완전히 동등한 영적 관계로 자신의 위치를 차지했고, 그 지위에서 교회를 섬기기 시작했다.

뵈뵈의 섬김은 단순히 더 낮은 일에 자신을 드리는 것이 아니었다. 인생의 두 번째 성취도 아니었다. 그것은 거대한 특권이었다. 다른 주요 항구들처럼 죄가 가장 적나라하게 드러나는 겐그레아 항구에서 뵈뵈의 인격은 찬란한 빛을 발했다. 그것이 뵈뵈의 빛일까? 아니다. 그녀를 통해 드러나는 예수 그리스도의 빛이었다(요 8:12). 즉 그녀의 빛은 그리스도의 변화시키는 능력을 반영하고 있었다.

우리는 그녀가 다른 사람들을 어떻게 도왔는지 모른다. 루디아와 브리스길라처럼 교회를 위해 자기 집을 개방했을까? 에게 해에서 항구 동쪽, 혹은 서쪽으로 여행하는 사람들을 대접했을까? 아니면 주로 돈과 물건을 주는 것으로 도움을 주었을까? 그에 대한 확실한 답은 없다. 또한 그리 중요한 것이 아니다. 우리는 이미 뵈뵈의 봉사가 여러 가지 모양으로 이루어졌고, 희생적이며 효과적이었음을 알고 있기 때문이다.

독신이었던 뵈뵈에게는 남편이 없었다. 그녀는 생 가운데 홀로 서 있었다. 하지만 그녀는 초조하게 자기의 외로움을 풀어줄 사람을 기다리지 않았다. 자신의 고독을 남을 섬기는 토대로 사용했다. 그녀는 아마도 이렇게 생각했을 것이다. '누가 나처럼 방해받지 않고 그 일을 할 수 있겠어? 자기 자신만 돌보면 되는 여인처럼 남을 위해 자신을 내어줄 수 있는 사람이 누가 있겠어?'

그 태도는 바울에 대한 그녀의 관계도 결정지어 주었다. 뵈뵈에게 바울은 하나님의 종이요, 위대한 사도였음에 틀림없다. 그리고 한편으로는 그녀에게 '형제'이기도 했다. 또한 인생 가운데 홀로 서서 이해심 많은 여인의 도움을 필요로 하고 그 도움을 고마워하는 사람이기도 했다.

당신의 공동체에서 홀로 있는 사람은 누구인가?
어떻게 하면 그 사람을 격려하고 지지할 수 있는가?

이렇게 해서 상호작용이 일어났다. 뵈뵈가 집사와 같은 특별한 역할을 했는지, 혹은 그냥 비공식적인 봉사만 했는지 확실하지 않다.

그것은 첫 번째 "교회의 일꾼"(롬 16;1)이라는 말에서 추측할 수 있고, 두 번째로 그녀가 개인적으로 바울과 다른 사람들을 도와주었다는 사실에서 추측할 수 있을 뿐이다. 그러나 뵈뵈와 같은 여인에게 그것은 아무 상관이 없다. 그녀는 정말로 문제되는 것, 즉 하나님과 다른 사람들에 대한 자신의 유용성에만 관심이 있었다. 이런 사람은 직함에 별로 관심이 없다. 그녀는 오직 긍정적인 영향을 주는 사람이 되고 싶었다. 그녀는 믿음과 비전, 그리고 남에게 자신을 완전히 내어 줌으로 인해 사람들에게 존경을 받았다.

―

당신이 다른 사람을 사랑하거나 섬기는 것은
하나님의 영광을 위해서인가, 아니면 주목을 받기 위해서인가?
진정으로 주는 축복을 경험해본 적이 있는가?

―

모든 여인은 사랑과 관심을 원한다. 뵈뵈도 예외는 아니었다. 그녀는 먼저 자기의 사랑과 재능을 남에게 줌으로써 자신의 필요를 채웠다. 솔로몬의 말을 인용하면 그녀는 먼저 "흩어 구제했기 때문에 풍족해졌다"(잠 11:24-25 참조).

하나님 나라의 법칙에 따라, 그리스도인들은 거저 줄 때 풍성하게 받는다. 남을 섬기는 데 인색하지 않은 사람, 기쁘게, 그리고 자발적으로 사랑과 우정을 나누는 자는 하나님의 축복을 경험할 것이다. 바울은 다음과 같이 기록한다. "하나님은 즐겨 내는 자를 사랑하시느니라"(고후 9:7).

그런 사람에게 하나님께서 좋은 선물을 쌓아주실 것이다. 그런 사람은 언제나, 모든 면에서 충분히 갖게 된다. 그는 모든 선한 일에 차고 넘칠 것이다.

만약 뵈뵈가 실패했다면, 로마 사람들에게 보내는 바울의 편지를 사람들이 하나의 기록으로 간직했을까? 근본적으로 영원하시고 주권적이시고 전능하신 하나님은 그분의 메시지 전달을 연약한 인간에게 의뢰하지 않으신다. 그러나 하나님께서 그 소중한 말씀을 로마 사람들과 세상 사람들에게 전달하기 위해 뵈뵈를 사용하셨다는 것은 하나의 분명한 사실로 남아 있다.

바울은 8명의 여인이 언급되는 자신의 동역자 명단에서 뵈뵈를 제일 앞에 놓았다(롬 16:1-16). 수세기에 걸쳐 뵈뵈는 그리스도와 그리스도의 교회를 섬겨온 여인들의 대열 중 가장 앞에 서 있다.

사명선언문

너희가 흠이 없고 순전하여……세상에서 그들 가운데 빛들로
나타내며 생명의 말씀을 밝혀 _ 빌 2:15-16

1. 생명을 담겠습니다
만드는 책에 주님 주신 생명을 담겠습니다.
그 책으로 복음을 선포하겠습니다.

2. 말씀을 밝히겠습니다
생명의 근본은 말씀입니다.
말씀을 밝혀 성도와 교회의 성장을 돕겠습니다.

3. 빛이 되겠습니다
시대와 영혼의 어두움을 밝혀 주님 앞으로 이끄는
빛이 되는 책을 만들겠습니다.

4. 순전히 행하겠습니다
책을 만들고 전하는 일과 경영하는 일에 부끄러움이 없는
정직함으로 행하겠습니다.

5. 끝까지 전파하겠습니다
모든 사람에게, 땅 끝까지, 주님 오시는 그날까지
복음을 전하는 사명을 다하겠습니다.

서점 안내

광화문점	서울시 종로구 새문안로 69 구세군회관 1층 02)737-2288 / 02)737-4623(F)
강남점	서울시 서초구 신반포로 177 반포쇼핑타운 3동 2층 02)595-1211 / 02)595-3549(F)
구로점	서울시 동작구 시흥대로 602, 3층 302호 02)858-8744 / 02)838-0653(F)
노원점	서울시 노원구 동일로 1366 삼봉빌딩 지하 1층 02)938-7979 / 02)3391-6169(F)
일산점	경기도 고양시 일산서구 중앙로 1391 레이크타운 지하 1층 031)916-8787 / 031)916-8788(F)
의정부점	경기도 의정부시 청사로47번길 12 성산타워 3층 031)845-0600 / 031)852-6930(F)
인터넷서점	www.lifebook.co.kr